왜
의자왕은
백제를
망하게 했을까?

교과서 속 역사 이야기, 법정에 서다

10
역사공화국
한국사법정

의자왕 vs 김부식

왜 의자왕은 백제를 망하게 했을까?

글 양종국 | 그림 이주한

|주|자음과모음

의자왕의 이름은 '정의롭고 자애로운 임금'이라는 뜻입니다. 그러나 그 이름과는 정반대로 그는 불의하고 횡포한 임금, 신하의 말은 무시하고, 백성은 돌보지 않은 채 그저 여자와 술만 즐기며 왕위를 누린 방탕하고 무책임한 임금이라는 평가를 받습니다.

그러나 이 책의 저자 양종국 교수는 그에 대한 반론을 논문을 통하여 줄곧 제기해 왔습니다. 의자왕은 결코 무능하거나 방탕한 임금이 아니었으며, 백제의 멸망이라는 비극적 사건의 결말도 결코 그에게만 책임을 전가시킬 수 없는 일이라는 것입니다. 부여가 고향인 저자는 또 하나의 백제 왕도인 공주에서 오랜 기간 역사를 가르치면서 중국 측의 자료를 통하여 백제 멸망의 배후에 도사린 그 시대의 국제 정세를 재해석해 왔습니다.

저자에게 의자왕의 문제는 단순한 학문 이상의, 자신의 삶의 이력이 담긴 문제였던 것이라 생각됩니다. 의자왕의 억울함을 풀어 주려는 의도에서 이 재판이 제기된 것이지만, 재판이 그 의도대로 진행될 수 있을지는 알 수 없습니다. 피고로 지목된 김부식은 12세기 고려를 대표하는 유학자이며 왕명을 받아 전 시대의 역사를 정리하는 책임을 맡은 당대의 영향력 있는 정치가이기 때문입니다. 그러나 무엇보다 재판이 어떤 결말로 끝을 맺을지 알 수 없는 이유는, 본 재판에 대한 최종적 판단이 배심원으로 참여한 독자 여러분의 몫이기 때문입니다.

금년(2010년)은 부여 도성이 함락당하고 의자왕이 적국 땅에 잡혀간 지 1천3백5십 년이 되는 해입니다. 그리고 9월에는 한 달 일정의 세계대백제전 축제가 부여와 공주 두 도시에서 개최됩니다. 이 같은 시점에서 의자왕의 진실을 추구한다는 것은 특별한 의미가 있습니다. 이번 재판을 참관하시는 여러분에게 이 재판이 유익한 시간, 특별한 경험이 될 것입니다.

공주대학교 역사교육과 교수, 국사편찬위원
윤용혁

『삼국사기』는 편찬 책임자인 김부식이 고려 인종의 명령을 받아 1145년에 완성한 책이다. 의자왕이 660년, 나당 연합군에 항복하고 당나라로 끌려간 후 485년이란 긴 시간이 흐른 다음의 일이다. 그럼에도 이 책은 현재 우리나라에 전하는 가장 오래된 역사서이며, 오늘날까지 삼국 시대의 역사에 관한 가장 많은 정보를 제공하고 있는 책이기도 하다. 우리가 알고 있는 삼국 시대에 관한 역사 지식이 『삼국사기』의 범위를 벗어나지 못하는 것도 바로 이런 이유이다.

『삼국사기』는 우리의 소중한 문화유산이다. 그러나 소중하다고 하여 그 내용을 모두 믿어야 하는 것은 아니다. 신라 왕실의 후손인 김부식은 신라 중심의 역사관을 가지고 삼국 시대를 바라보았다. 동시에 유교 사상을 익힌 유학자로서 중국 중심의 사대주의 의식도 지니고 있었다. 『삼국사기』에는 김부식의 이러한 시각이 그대로 반영되어 있다. 그렇다면 『삼국사기』에 실린 의자왕에 대한 기록을 있는 그대로 믿을 것이 아니라 정말로 그러했는지 확인해 볼 필요가 있겠다.

김부식이 쓴 『삼국사기』에는 의자왕이 말년에 술만 마시며 음탕하게 놀다가 충신 성충까지 옥에 가두었다고 기록되어 있다. 바로 이 기록 때문에 의자왕은 지금까지도 술로 인해 나라를 망친 임금이라 비난받고 있다. 그것도 모자라 언제부턴가는 의자왕이 국가의 일은 뒷전으로 미룬 채 3천 명의 궁녀들과 놀기만 했다는 이야기도 떠돈다.

이러한 비난 섞인 이야기들은 과연 사실인 것일까? 술과 타락의 역사는 과연 진실일까? 의자왕은 이를 얼마나 인정할까? 의자왕의 실제 활동 모습을 『삼국사기』에서 찾아보면, 백제가 신라와 당나라 연합군에게 정복당하기 직전인 659년에도 의자왕이 신라를 공격한 것을 알 수 있다. '백제와 신라 사이의 문제를 해결하기 위해 마지막까지 최선의 노력을 기울인 백제의 왕'이 의자왕에 대한 올바른 평가는 아닐까?

다만, 당시의 국제 정세는 의자왕의 노력과 달리 계속 백제에게 불리한 쪽으로 변해 갔다. 그리하여 결국 13만 명에 달하는 당나라 소정방 군대가 신라와 함께 백제를 공격했고 의자왕은 나라를 잃게 되었다. 그리고 포로로 끌려가 당나라에서 죽었으니 그 원통함 또한 말로 표현하기 어려웠을 것이다. 그런데 설상가상으로 『삼국사기』에서 의자왕을 방탕한 생활만 일삼다가 나라를 망친 군주로 기술하

왜 의자왕은 백제를 망하게 했을까?

자, 의자왕은 더 이상 억울함을 참지 못하고 역사공화국 한국사법정에 김부식을 고소하기에 이르렀다.

원고인 의자왕이나 피고인 김부식 모두 자신을 옹호하고 변론해 줄 변호사와 여러 명의 증인을 확보해 놓았다. 의자왕의 억울함은 풀릴 것인가. 역사 기록의 진실성 여부가 주요 쟁점이 될 본 소송은 여러분에게도 '과거의 기록을 어떻게 바라보아야 하는가' 하는 문제와 '역사란 과연 무엇인가'라는 커다란 주제에 대하여 생각해 보도록 만들 것이다. 억울함을 호소하는 의자왕의 주장에 대해 여러분 각자 판결을 내려 보기 바란다.

양종국

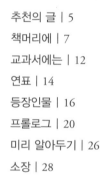

삼국을 통일하는 데 큰 공을 세운 사람은 신라의 태종 무열왕 김춘추와 김유신 장군이다. 신라는 어떻게 위기를 극복하고 삼국을 통일했을까? 김춘추와 김유신은 삼국 통일을 위해 어떤 일을 하였을까?

고구려가 중국의 수, 당나라 군대와 치열한 전쟁을 벌이는 동안, 백제는 신라를 계속 공격하였다. 특히 의자왕이 즉위하면서부터는 이러한 갈등의 골이 더욱 깊어졌다. 백제는 신라의 군사적 요충지였던 대야성을 비롯하여 40여 개의 성을 점령하였고, 신라가 당나라와 교류하던 교통로를 끊기 위해 고구려와 연합하여 당항성을 공격하기도 하였다.

신라는 당과 연합하여 백제를 공격하였다. 김유신이 이끄는 신라군은 계백이 이끄는 백제의 결사대를 황산벌에서 물리쳤다. 백제는 이미 내부적으로 정치 질서가 문란해져 있었고, 지배층이 사치와 향락에 빠져 있어 이러한 위기를 극복하기에는 한계가 있었다. 결국 660년 사비성이 함락되면서 백제는 멸망하였다.

| 고등학교 | 한국사 | I. 우리 역사의 형성과 고대 국가
3. 고대 국가의 성립과 발전 |

신라의 삼국 통일은 당의 세력을 이용하였다는 점과 대동강에서 원산만까지를 경계로 한 이남 지역을 통일하였다는 한계점이 있다. 그러나 민족 문화발전의 토대를 마련하였고, 당의 세력을 물리친 자주적 성격에서 의의를 찾을 수 있다.

604년   수양제 즉위

610년   이슬람교 창시

616년   동로마 제국, 페르시아에 이집트를 빼앗김

618년   수나라 멸망, 당나라 건국

645년   당나라 태종, 고구려 침입
            일본, 다이카 개신

649년   당나라 고종 즉위

661년   이슬람, 옴미아드 왕조 성립

900년   측천무후 즉위
            당의 국호를 주(周)로 고침

916년   거란, 요나라 건국

960년   송나라 건국

962년   신성 로마 제국 성립

1125년   금나라에 의해 요나라 멸망

<u>원고</u> **의자왕(?~660년, 재위 기간 : 641년~660년)**

나는 백제의 의자왕이오. 사람들은 나를 궁녀들과 술이나 마시며 놀다가 나라를 망하게 한 못난 왕으로 말하더군요. 이런 오해는 모두 김부식이 쓴 『삼국사기』 때문이지요.

원고 측 변호사 **박구자**

나는 한국사법정의 명변호사 박구자라고 해요. 널리 알려진 역사적 평가가 진실이 아닐 수도 있다는 신념으로 변호사가 되었지요.

원고 측 증인 **흑치상지**

내 이름은 흑치상지. 백제의 장군이지요. 백제가 멸망한 후에는 당나라에서 활동하며 백제의 부흥을 위해 힘썼답니다. 중국의 역사책과 『삼국사기』에 모두 내 얘기가 실려 있지요.

원고 측 증인 성충

나는 백제의 신하, 성충입니다. 의자왕이 중국과 외교를 단절하는 것에 반대하다가 감옥에서 숨졌지요. 하지만 의자왕은 뛰어난 통치자였다고 생각합니다.

원고 측 증인 계백

나는 황산벌 전투에서 전사한 백제의 장군입니다. 내가 전쟁터에 나가기 전에 처자식을 모두 죽였다는 『삼국사기』의 기록은 사실이 아니에요.

원고 측 증인 당고종

당나라 황제 고종입니다. 소정방에게 백제를 공격하라는 명령을 내린 장본인이지요. 당나라와 외교 관계를 끊은 의자왕이 괘씸하기는 하지만 그렇다고 해서 의자왕이 폭군은 아니었어요.

피고 **김부식(1075년~1151년)**

고려 시대의 학자 김부식입니다. 인종의 명을 받들어
『삼국사기』 편찬을 주도했지요. 나는 당시에 남아 있
던 기록을 보고 『삼국사기』를 썼을 뿐이라고요.

피고 측 변호사 **여전이**

여전이 변호사라고 합니다. 『삼국사기』의 기록이 사
실과 다르다는 주장을 듣고 깜짝 놀랐지요. 어떻게 이
렇게 훌륭한 역사책을 틀렸다고 말할 수 있을까요?

피고 측 증인 **사마천**

나는 한나라 때의 역사가로 『사기』라는 역사책을 썼습니다. 내가 쓴 『사기』는 이후 역사책의 모범이 되었지요.

피고 측 증인 **김유신**

나는 신라의 장군인 김유신입니다. 백제를 직접 공격해서 승리를 거뒀지요. 김부식 대감은 삼국의 역사를 공평하게 기록하기 위해 노력했다고 생각합니다.

증인 **김춘추**

나는 신라 제29대 태종 무열왕인 김춘추라고 합니다. 백제를 정벌하기 위해 끊임없이 노력했고 결국 성공했지요. 내 뛰어난 외교 능력은 『삼국사기』에 잘 나와 있답니다.

"나, 의자왕을 못난 왕으로 만든
김부식을 고소하겠소!"

영혼들이 사는 역사공화국의 행정 수도 안에서도 차량 통행이 적은 서쪽 변두리 지역에 한국사법정이 있다. 주변의 조용한 분위기와 달리 많은 영혼이 잡다한 소송거리를 들고 모이는 법정 안은 늘 북적인다. 한국사법정의 명성은 꽤 알려져 있다. 박구자와 여전이 변호사와 같이 정의감이 넘치는 여성 변호인들의 의욕적인 변호 활동과 판사들의 공정한 판결 덕분이다. 얼마 전에도 이승 세계에서 해결하지 못한 굵직한 역사 사건들 몇 가지를 한국사법정이 만족스럽게 처리해 주었다.

차들이 가끔 지나가는 한적한 도로를 사이에 두고 한국사법정과 마주 보는 건물의 3층에 박구자 변호사의 사무실이 있다. 박부자 댁 아홉 번째 딸로 태어나 '구자'라는 이름을 얻은 박구자 변호사는 외

유내강의 성품을 지닌 중년의 아름다운 변호사로 많은 후배들이 따 렀다.

"언니, 차 한잔 주실래요?

옆 건물 4층에 사무실이 있는 여전이 변호사가 박구자 변호사를 만나러 왔다. 박구자 변호사는 열 살 정도 나이가 어린 여전이 변호 사를 늘 친동생처럼 대해 왔다. 그러나 둘은 법정에서 만나면 서로 한 치의 양보도 없이 맞서며, 공과 사를 명확히 구분하는 사이이기 도 하다. 미래를 많이 생각하는 박구자 변호사와 현재를 중시하는 여전이 변호사는 성격이 서로 다른데도 막역하게 잘 지내 왔다.

"어서 와. 날씨가 꽤 쌀쌀해졌지? 여 변호사와는 역시 텔레파시가 통하는데! 내가 심심한 줄 어떻게 알았을까?"

젊은 패기에 직설적인 여전이 변호사와 달리, 박구자 변호사에게 서는 나이에 어울리는 여유로움과 품위가 느껴졌다.

주변을 온통 황금색으로 장엄하게 물들였던 커다란 은행나무는 이제 나뭇잎 몇 개만 가지 끝에 남겨 놓고 있다. 늦가을의 쌀쌀함이 창문을 두드리는 오후, 한가로움을 즐기며 친자매처럼 도란도란 차 를 마시는 미모의 여성 변호사들이 머지않아 법정에서 치고받는 공 방전을 벌이게 되리라고 누가 상상이나 했을까.

"언니, 가을은 법과 인연이 있는 계절이라지? 바로 우리들의 계절 이네. 올 가을에는 왠지 오래 기억될 만한 사건을 의뢰받을 것 같은 느낌이 팍팍 오는데."

"그래. 너는 의욕이 넘쳐 참 좋다. 벌써 또 한 해가 거의 저물어 가는구나."

자상하고 꼼꼼한 박구자 변호사에게는 억울하게 누명을 쓴 피해자들의 사건이 많이 들어왔다. 반면에 패기 있고 당당한 여전이 변호사에게는 본의 아니게 고소를 당한 피고들이 찾아오곤 했다.

운명의 신은 역사공화국에서도 장난을 치나 보다. 여전이 변호사가 돌아간 뒤, 책상에 앉아 서류를 뒤적이던 박 변호사에게 손님이 찾아왔다. 큰 키에 풍채도 좋게 잘생긴 남자가 들어와 정중히 인사했다. 목소리는 조용하지만 쉽게 접근할 수 없는 위엄이 서려 있었다. 그러나 얼굴에 근심이 가득해 보였다.

"나는 백제의 의자왕이오."

박구자 변호사는 너무 놀라 그대로 주저앉을 뻔했다.

'이야기로만 들었지, 직접 만나리라고는 꿈에도 생각하지 못했던 의자왕이 내 사무실을 찾아오다니.'

박구자 변호사는 혹시 자신이 잘못 들은 것은 아닌지, 또 그가 사기꾼은 아닌지 의심하며 자리에 앉은 그를 다시 한 번 살펴보았다.

"의심할 필요 없소. 나는 분명히 백제의 의자왕이오."

"그런데 무슨 일로 저를 찾아오셨나요?"

아무리 훑어보아도 평소에 생각하던 의자왕의 모습과 너무 달라 의심을 떨쳐 버릴 수 없었다. 말년에 술만 마시며 음탕하게 놀다가 나라를 망쳤다는 타락한 왕의 모습을 전혀 찾아볼 수 없었던 것이다.

"박 변호사가 무슨 생각을 하는지 알고 있소. 백제의 백성 말고 대부분의 사람이 나를 나라를 망친 술주정꾼에 3천 명이나 되는 궁녀

와 놀아난 음탕한 인간쯤으로 알고 있지. 유구한 역사를 지닌 백제라는 나라를 망하게 한 책임을 나에게 묻는다면, 억울하기는 하지만 그래도 백제의 최고 책임자로서 기꺼이 받아들이겠소. 그러나 나를 술에 찌들고 사치에 빠진 타락한 인간으로 몰아가는 터무니없는 모독은 더 이상 참을 수가 없소."

억울함을 호소하는 의자왕의 눈에는 간절함이 배어났다. 박구자 변호사는 현기증을 느꼈다.

'그동안 내가 알고 있던 의자왕에 대한 이야기는 무엇이란 말인가.'

"만일 그것이 사실이라면 무척 억울하겠군요. 그러나 믿어지지가 않네요. 우리가 아는 이야기가 사실이 아니라면 어떻게 저를 포함한 많은 사람이 그렇게 믿고 있을까요?"

"박 변호사는 『삼국사기』를 읽어 보았소?"

"책 이름은 알고 있지만 직접 읽어 본 적은 없습니다."

"내가 억울한 누명을 쓴 것은 모두 김부식 때문이오. 그가 쓴 『삼국사기』에는 나와 관련된 허무맹랑한 이야기와 왜곡된 내용들이 가득 차 있소. 사람들이 왜곡된 내용을 읽고 사실로 믿다 보니 나는 저절로 무능력하고 타락한 패망의 군주로 낙인찍힌 것이오. 그러니 『삼국사기』를 편찬한 김부식을 생각하면 나는 하룻밤도 편히 잠들 수가 없소. 참다 못해 오늘은 김부식을 고소해 법정에서 『삼국사기』의 문제점을 밝히고 나의 억울한 누명도 벗고자 박 변호사를 찾아온 것이오. 내 명예를 되찾기 위해 박 변호사가 힘이 되어 줄 순 없겠소?"

의자왕이 들려준 뜻밖의 이야기에 박구자 변호사는 놀랍기만 했다. 의자왕에 대한 호기심이 솟아났다. 자신의 명예를 회복하기 위해 최선을 다하는 의자왕의 모습에 처음에 품었던 의심은 어느새 눈 녹듯이 사라지고 말았다.

"우리 변호사들의 임무가 억울한 누명을 쓴 피해자들을 돕는 것 아닌가요? 말씀대로 『삼국사기』의 잘못된 기록 때문에 그동안 심한 고통을 받으셨다면, 당연히 그 편찬자인 김부식을 명예 훼손 혐의로 고소하고 정신적인 피해에 대한 손해 배상도 청구하실 수 있습니다."

"좋소. 그럼 박 변호사가 나를 변호해 주십시오."

이렇게 해서 의자왕과 김부식의 소송은 시작되었다. 박구자 변호사가 한국사법정의 판사에게 의자왕의 고소장을 제출하고 난 며칠 뒤, 여전이 변호사의 사무실에도 덩치 좋은 체구의 한 남자가 찾아와 자신의 변호를 의뢰하였다. 바로『삼국사기』의 편찬자인 김부식이었다. 그리하여 각각 의자왕과 김부식의 변호를 맡게 된 박구자 변호사와 여전이 변호사는 법정에서 각자의 의뢰인을 위해 열띤 공방전을 벌이게 되었다.

7세기 백제와 의자왕

중국 춘추시대의 유학자로 증자라는 인물이 있었습니다. 증자는 효를 중요하게 여겨서 많은 이들의 존경을 받았지요. 무왕의 맏아들이었던 의자왕은 태자 시절부터 효성이 지극하고 우애가 깊어서 '해동증자'란 별명으로 불리었습니다. '바다 동쪽의 증자'라는 뜻이지요. 의자왕 역시 자신의 아들 이름을 '효'라고 지을 정도로 '효도'를 중요하게 여기기도 했습니다. 왕위에 오른 의자왕은 10차례나 신라를 공격해 대야성을 함락시키기도 했습니다. 대야성은 경남 합천군 남부지방에 있던 신라 때의 성으로 신라의 수도인 경주에서 머지않은 곳이었습니다. 이렇게 의자왕이 이끄는 백제는 신라를 공격해 40여 개의 성을 함락시키며 강한 국력을 보여주기도 했습니다.

하지만 백제는 의자왕에서 다음 대로 이어지지 못하고 멸망을 하고 맙니다. 바로 예상치 못했던 나당 연합군의 빠른 공격을 받았기 때문입니다. 거듭되는 백제의 공격에 다급해진 신라가 당나라에 원조를 요청합니다. 당나라는 숙적 고구려를 멸망시키는 것이 목적이었으므로, 신라의 뜻대로 먼저 백제를 치는 것에 힘을 합치게 됩니다. 백제를 멸망시킨 다음 고구려를 공격하면 되었으니까요. 이렇게 신라와 당나라의 연합 공격을 받은 백제의 의자왕은 계백 장군에게 황산벌로 출정할 것을 명했습니다. 계백 장군은 5천 명의 결사대를 데리고 5만 명에 이르는 신라군과 맞서 싸웠습니다. 계백은 월나라 구천이 단 5천 명의 군사로 오나라의 70만 대군을 격파한 사례를 들어 군사들을 독려했습니다. 계백의 백제군은 신라군에게 맞서 끝까지 저항을 했지만 결국 항복할 수밖에 없었습니다.

마침내 항복한 의자왕이 당나라의 소정방과 신라의 김춘추에게 술을 따르며 백제의 멸망을 선언하게 됩니다. 전쟁에서 승리한 소정방은 의자왕을 비롯하여 왕비 은고, 왕자 13명과 대신들, 그리고 1만 명이 넘는 백성들을 포로로 끌고 가 백제의 쓸쓸한 뒤안길을 장식하게 됩니다.

원고	의자왕	대리인	박구자 변호사
피고	김부식	대리인	여전이 변호사

청구 내용

백제의 제31대 왕으로 즉위한 나는 최고 통치자로서 나라와 백성을 위해 최선을 다했습니다. 뿐만 아니라 주변의 여러 나라와도 사이좋게 지내려 했으나, 우리 영토인 한강 하류 지역을 빼앗아 가고 백제의 제26대 성왕을 죽인 신라만은 그대로 둘 수 없었습니다.

내가 신라를 공격한 이유는 신라의 파렴치한 행위를 응징하고 우리의 땅을 되찾기 위해서였습니다. 그리고 나는 이러한 사정을 당나라 태종과 고종에게도 알렸습니다. 그러나 현재 상태를 그대로 유지하고자 했던 당나라의 황제들은 오히려 나를 나무랐습니다. 신라에 대한 공격을 포기할 수 없었던 나는 결국 당나라와 외교 관계를 끊었고 그것이 원인이 되어 13만 군대를 거느리고 신라와 함께 백제를 공격한 소정방 군대에게 항복할 수밖에 없었습니다. 나는 당나라의 간섭이 원망스럽기도 했으나, 백제 멸망의 책임을 다른 누구에게로 돌리고 싶은 마음은 터럭만큼도 없었습니다. 그래서 백제의 패망과 관련하여 나에 대한 온갖 헛소문이 떠돌아다녀도 일체 대응하지 않았습니다.

그렇게 5백 년 가까이 지났을 무렵, 고려에서 김부식이 『삼국사기』를 편찬했습니다. 그런데 그 책을 본 나는 경악을 금치 못했습니다. 그동안 내가 무시하고 신경 쓰지 않았던 나에 대한 온갖 헛소문들이 모두 진실인 양 기록되었기 때문입니다. 그리고 그 소문은 입에서 입으로 퍼져 급기야는 나를 나라를 망친 술주정꾼에 3천 명이나 되는 궁녀들과 놀아난 음탕한 인간으로 만들어 버렸습니다. 오늘날 사람들이 나를 '걸상왕'이라 비웃으며 술 때문에 패가망신한 우매한 폭군으로 생각하는 데에는 『삼국사기』의 영향이 큽니다.

그러므로 왕의 명령에 의해 국가적인 사업으로 편찬된 『삼국사기』에서 사실을 왜곡한 공문서 위조죄와 나에 대한 명예 훼손 혐의로 김부식을 고발하오니, 현명한 판결을 내려 주시기 바랍니다.

입증 자료

- 중학교 역사 교과서
- 고등학교 한국사 교과서
- 『삼국사기』 기록의 문제점과 의자왕의 진실에 대해 탐구한 한국 역사학계의 논문과 저서들
  그 외 자료 추후 제출하겠음.

위 청구인 의자왕
역사공화국 한국사법정 귀중

『삼국사기』는
승자의 기록일까?

1. 왜 김부식은 『삼국사기』를 편찬했을까?
2. 『삼국사기』는 어떤 책일까?
3. 『삼국사기』에 가려진 의자왕의 진실은 무엇일까?

왜 김부식은
『삼국사기』를 편찬했을까?

의자왕과 김부식의 1차 재판이 열리는 날 한국사법정은 방청객들로 가득 찼다. 어디서 소문을 들었는지 백제와 신라 출신 영혼들이 대거 몰려왔기 때문이다.

"김부식 대감이 고소를 당했다며? 김 대감은 고려를 대표할 만한 훌륭한 분이 아닌가? 중국에까지 이름이 알려질 정도로 뛰어난 학자에다 정치가이고 역사가잖아. **묘청의 난**을 평정한 공신이기도 하고. 왜 고소당한 거래?"

"정말 모르고 여기까지 온 거야? 의자왕이 공문서 위조와 명예 훼손으로 소송을 걸었대. 의자왕은 술만 마시다가 나라를 망치더니 이제는 정신까지 어떻게 된 모양이지?"

"이 사람들아! 좀 제대로 알고 떠들어라. 의자왕이 술 마시다 나라를 망쳤다고 누가 그래? 바로 김부식이 쓴 『삼국사기』
아냐? 의자왕이 술 마시고 노는 기 누가 봤이? 얼마나 억
울하면 소송까지 걸었겠어?"

"허참, 날아가던 참새가 배꼽을 잡겠네. 그럼 아니란 말
이야? 삼척동자도 다 아는 사실인데 웬 오리발이야?"

재판이 열리기 전부터 방청석에서는 가타부타 공방전
이 벌어지고 있었다.

"자자, 조용히들 하세요. 판사님이 들어오십니다."

법정 경위의 말에 방청석은 순간 조용해졌다. 검은색 법복을 입은
판사가 재판정 앞 한가운데 있는 높은 의자에 앉자, 배심원과 방청
객들도 각자 자리에 앉았다. 재판정을 휙 둘러본 판사는 곧 소장으
로 눈을 옮겼다. 잠시 침묵이 흐른 후, 판사가 입을 열었다.

판사　박구자 변호사, 오늘 소송 내용은 무엇입니까?

박구자 변호사　네, 판사님. 오늘 사건은 『삼국사기』에 가려진 의자
왕의 진실을 밝히는 소송입니다. 소장에서 밝혔듯이 백제의 제31대
왕인 의자왕은 나라와 백성을 위해 최선을 다했습니다. 신라는 백제
의 제26대 왕인 성왕 때 백제의 영토인 한강 하류 지역을 빼앗고 성
왕까지 죽였습니다. 그리고도 여전히 잘못을 인정하지 않은 채 빼앗
아 간 땅도 돌려주지 않는 등 파렴치한 행동을 일삼았습니다. 이에
의자왕은 신라를 용서할 수 없어 공격한 것입니다. 그 누구라도 의
자왕의 행동을 탓할 수는 없을 것입니다.

그런데 안타깝게도 당나라는 온갖 아양을 떨며 도움을 청하는 신라의 편만 들고 백제의 억울한 과거는 거들떠보지도 않았습니다. 그리하여 의자왕은 어쩔 수 없이 당나라와 외교 관계를 끊었던 것입니다. 그러다 당나라와 신라 연합군의 공격을 받아 나라를 잃었으니, 그 비통한 심정이 오죽했겠습니까?

여전이 변호사   판사님, 이의 있습니다. 박 변호사는 신라를 일방적으로 비난하고 있습니다. 복잡한 국제 관계를 함부로 말하는 태도는 시정해야 한다고 생각합니다.

박구자 변호사   판사님, 그렇지 않습니다. 저는 분명한 역사적 사실을 말하고 있습니다. 신라를 비난하려는 마음은 티끌만큼도 없습니다. 의자왕이 현재 겪고 있는 고통을 말씀드리기 위해 백제와 신라 사이의 일을 사실 그대로 소개하는 것입니다.

법정 분위기를 장악하려고 처음부터 강하게 나오는 여전이 변호사와 이에 지지 않고 논리적으로 반박하는 박구자 변호사의 모습은 언제나처럼 변함없었다. 초반부터 벌어지는 두 여성 변호사의 기싸움에 사람들로 가득 찬 법정 안은 조용한 긴장감에 휩싸였다.

판사   박 변호사! 여 변호사! 진정들 하세요. 소장은 나도 읽어 보았으니, 박 변호사는 좀 더 간략히 설명하기 바랍니다.

박구자 변호사   네, 알겠습니다. 판사님, 그리고 배심원 여러분, 패자는 말이 없다고 했던가요? 백제 멸망 후 온갖 헛소문이 떠돌았지만, 의자왕은 패망의 군주로서 모든 책임을 자신에게 돌리고 아무런 변명도 하지 않았습니다. 물론 그래도 마음속에는 늘 비통함이 있었지요. 그런데 김부식은 『삼국사기』를 편찬하면서 의자왕과 관련된 허무맹랑한 이야기와 사실을 왜곡한 내용을 아무런 근거도 없이 역사 기록으로 남겨 놓았습니다.

판사   의자왕이 술독에 빠져 나라를 돌보지 않았다는 것 말인가요?

박구자 변호사　네, 맞습니다. 그 때문에 의자왕은 지금껏 술과 여자와 사치에 빠져서 나라를 망친 타락한 군주로 낙인찍히게 되었습니다. 이것이 의자왕을 두 번 죽이는 것과 무엇이 다릅니까? 의자왕은 이런 잔인한 현실 속에서 더는 침묵할 수 없어 오늘 이렇게 법정에 호소하게 된 것입니다.

　　존경하는 판사님, 배심원 여러분, 정의는 강자의 이익이라는 말이 있습니다. 지금까지 전해 오는 모든 역사 기록이 강자인 승자들에 의해 쓰였습니다. 그러다 보니 약자인 패자의 억울함은 늘 외면당해 왔습니다. 그러나 우리는 승자의 영광 속에 가려진 패자의 억울함도 잊어서는 안 된다고 생각합니다. 승자의 기록인 『삼국사기』에서 패자일 수밖에 없는 의자왕의 억울함을 이번 재판을 통해 분명히 밝혀 주셨으면 합니다.

　　박구자 변호사가 의자왕이 김부식에게 소송을 건 이유를 설명하자 법정 안이 술렁거렸다.

　　"아니, 뭐라는 거야? 김부식 대감의 『삼국사기』가 승자만을 위한 기록이라는 거야?"

　　"박구자 변호사 말에 5백 년 묵은 체증이 쑥 내려가는구먼! 이번 재판에서 우리 의자왕의 억울함이 풀어질 것 같은데?"

판사　조용히 하세요! 재판을 방해하는 사람은 법정 밖으로 내보내겠습니다. 할 말이 있으면 휴정 시간에 하세요.

판사의 경고에 방청석은 다시 조용해졌다.

판사　박구자 변호사의 청구 이유를 잘 들었습니다. 좋습니다. 그
럼 원고인 의자왕에게 발언 기회를 주겠습니다. 공문서 위조와 명예
훼손으로 소송을 제기했는데, 그 이유를 본인의 입으로 분명하게 설
명하기 바랍니다.

방청객과 배심원들의 시선이 일제히 의자왕에게 향했다. 의자왕
이 침통한 표정으로 자리에서 일어나자, 조용한 가운데 안타까움이
섞인 한숨 소리가 방청석 곳곳에서 새어 나왔다.

의자왕　나는 괴롭고 슬픈 마음으로 이 자리에 섰습니다. 한 나라
의 왕으로서 백성 사이에 떠도는 하찮은 소문까지 일일이 신경 쓰
며 예민하게 반응하는 것이 얼마나 우스운 일입니까? 그동안 나를
헐뜯는 근거 없는 이야기가 들려와도 나는 변명 한번 하지 않았습니
다. 그러나 김부식의 『삼국사기』는 소문과 차원이 다르지요. 『삼국
사기』의 기록은 곧 역사 기록입니다. 역사 기록은 많은 사람이 진실
이라고 생각하며, 수많은 세월에 걸쳐 영향을 끼칩니다. 그러니 역
사 기록에 대해서는 나뿐만 아니라 이 세상의 모든 왕이 다 중요하
게 생각할 수밖에 없는 것입니다.
판사　원고와 백제에 대한 유언비어가 『삼국사기』에 그대로 실렸
다는 말이군요.

의자왕   사실 오늘 김부식과 법정에서 마주하기까지 나의 안일했던 행동을 많이 후회했습니다. 내가 좀 더 적극적으로 대처하여 허황된 유언비어를 미리 막았더라면 김부식도 『삼국사기』에서 그러한 내용을 다루지 않았으리라 생각합니다. 그러나 아무리 후회해도 이제는 끈 떨어진 연처럼 『삼국사기』가 편찬되기 이전으로 다시 돌아가기는 어렵습니다. 한국사법정에서 『삼국사기』의 문제점을 속속들이 파헤쳐 역사의 진실을 찾아내 주는 길만이 형편없이 추락한 나의 명예를 다시 회복하는 유일한 희망입니다.

판사   박 변호사와 원고 의자왕의 진술에 따르면 『삼국사기』는 승자 중심의 기록이기 때문에 패자인 의자왕은 외면당했고, 그래서 의자왕과 관련된 헛소문이나 유언비어도 그 진상을 조사하지 않은 채 기록되었다는 거군요. 그래서 사실과는 달리 나라를 망친 타락한 군주라는 억울한 누명을 쓰게 되었고요. 그러니 누명을 벗겨 주고 명예를 회복시켜 달라……. 원고 측의 뜻은 잘 알았습니다. 그렇다면 이제 피고 측 이야기를 들어 볼까요? 피고 측 여전이 변호사 말씀하세요.

여전이 변호사   판사님, 배심원 여러분, 원고 측의 진술을 듣고 무엇을 느끼셨습니까? 오늘 피고로 출석한 김부식 대감이 억울하겠다는 생각이 들진 않았나요?

김부식 대감은 많은 사람에게 존경받는 고려의 학자이자 정치적으로 성공한 정치가입니다. 또 고려 왕의 믿음을 한 몸에 받으며 『삼국사기』의 편찬 책임자로 임명되는 명예도 얻었습니다. 그런 김부식 대감이 무엇이 부족해 의자왕에게 누명을 씌우겠습니까? 더구나 이 때는 의자왕이 죽은 지 485년이 지난 다음입니다. 다시 말해 백제가 망한 지 거의 5백 년이 흘렀다는 뜻입니다. 백제를 망하게 한 당나라 나 신라 같은 승자는 이미 역사 속으로 사라졌고, 중국에는 송나라, 한반도에는 고려가 자리 잡고 있을 때 『삼국사기』가 편찬되었습니다. 송나라와 고려는 백제의 멸망과 아무런 관련이 없는 나라들이지요. 그리고 김부식 대감과 의자왕 역시 이승 세계에서는 서로 만날 수 없었던 사람들로 둘 사이에 어떤 원한도 있을 수 없습니다. 무엇을 근거로 『삼국사기』가 승자의 기록이고, 김부식이 의자왕에게 억울한 누명을 씌웠다고 말하는지 답답합니다.

여전이 변호사의 변론이 여기에 이르자, 방청석의 분위기가 다시 술렁거렸다.

"역시 여전이 변호사야. 똑소리 나는데!"

"재판 결과가 어떻게 될지 정말 궁금하구먼."

판사 다시 한 번 말합니다. 재판 중에 잡담은 일절 금합니다. 정숙해 주세요. 그리고 여 변호사는 계속 변론하기 바랍니다.

상황을 역전시키려는 여전이 변호사의 달변이 이어지자 호기심이 발동한 방청객들은 모두 여 변호사를 바라보았다. 여 변호사의 당돌함을 잘 아는 박구자 변호사는 느긋한 태도로 좀 더 지켜보자는 표정을 짓고 있었다.

무고죄
다른 사람을 처벌받게 할 목적
으로 거짓된 사실을 신고할 경
우 무고죄에 해당합니다.

여전이 변호사　　잘못은 오히려 소문이 허황하다고 여기면서도 이를 방관한 의자왕에게 있는 것이 아닌가요? 의자왕 스스로도 자신의 안일한 행동이 사태를 악화시켰다며 후회하는 말을 했습니다. 소문의 진상이 무엇인지는 당사자가 가장 잘 알 것입니다. 당사자가 침묵으로 일관하면 사람들은 그것을 진실로 받아들입니다. 그러므로 지금의 사태는 결국 의자왕 본인이 자처한 셈입니다. 의자왕의 행동은 적반하장입니다. 앞으로 의자왕에게 이번 소송에 따른 **무고죄**를 적용해 피고인 김부식 대감에게 피해를 보상하도록 해야 할 것입니다.

방청석에서는 나직한 박수 소리와 의자왕을 향한 걱정의 숨소리가 교차했다. 이때 박구자 변호사가 이의를 제기했다.

박구자 변호사　　이의 있습니다. 여전이 변호사는 피고를 변호하기보다 의도적으로 원고를 공격하고 있습니다. 본 재판의 목적에 맞지 않는 여 변호사의 태도를 지적해 주시기 바랍니다.

여전이 변호사　　이해할 수가 없군요. 피고를 변호하기 위해서는 원고의 잘못을 말할 수 있는 것 아닌가요?

판사　　두 변호인의 말이 모두 일리가 있습니다. 그러나 지나친 인신공격은 서로 삼가기 바랍니다. 이번 소송에서는 『삼국사기』 기록의 진실을 밝히는 것이 무엇보다 중요합니다. 변호사는 물론 원고와 피고도 여기에 초점을 맞추어 발언해 주세요. 의자왕의 무고죄 여부는 재판이 끝나면 드러나겠지요. 그럼 피고 김부식 대감은 이번 소송의 당사자로서 현재 자신의 심정을 솔직히 말씀해 주시지요.

김부식   존경하는 판사님, 배심원 여러분, 나도 한 인간으로서 부족한 점이 많습니다. 그러나 오늘의 소송은 너무 뜻밖입니다. 내가 왜 아무런 원한 관계도 없는 의자왕에게 억울한 누명을 씌우려 하겠습니까? 나는『삼국사기』를 자랑스럽게 생각합니다. 역사를 다루는 역사가로서, 또 편찬 책임자로서 나는『삼국사기』에서 삼국 시대의 역사를 사실 그대로 기록하기 위해 많은 노력을 기울였습니다.『삼국사기』는 특정한 개인이나 국가를 위한 책이 아닙니다. 특히『삼국사기』가 의자왕을 모욕하기 위해 편찬된 책이 아니라는 사실을 강조해 말씀드립니다.

김부식의 발언이 끝나기도 전에 박구자 변호사가 말을 가로채고 나섰다.

박구자 변호사   피고는 핵심을 말해 주세요. 오늘의 소송은『삼국사기』의 전체적인 성격이나 의미를 다루는 것이 아닙니다.『삼국사기』의「백제 본기」중에서도 의자왕과 관련한 내용을 문제 삼는 것입니다.

여전이 변호사   판사님, 박구자 변호사는 의도적으로 피고의 진술을 방해하고 있습니다. 원고의 주장이 사실인지 거짓인지 알기 위해서는 우선『삼국사기』의 성격을 잘 알아야 할 것입니다. 재판의 흐름을 끊는 박구자 변호사의 행동은 경고받아 마땅합니다.

여전이 변호사의 반론을 인정한 판사는 다시 한 번 재판의 방향을 강조했다.

판사 네, 받아들입니다. 본 사건을 해결하기 위해서는 무엇보다도 먼저『삼국사기』에 대해 정확히 알아야 합니다. 따라서 우선『삼국사기』에 대해 살펴보기로 하겠습니다. 피고는 더 할 말이 있나요?

여전이 변호사 네, 효과적인 진행을 위해 제가 피고에게 질문하는 방식으로 진행했으면 합니다. 허락해 주십시오.

판사 네, 좋습니다. 허락합니다.

여전이 변호사 피고는 먼저『삼국사기』를 편찬하게 된 이유를 간단히 설명해 주시지요.

김부식 『삼국사기』는 내가 개인적으로 편찬한 책이 아닙니다. ▶고려 제17대 왕인 인종의 명을 받아 나를 포함한 11명의 학자가 편찬에 참여했습니다. 물론 내가 편찬 책임자로서 체제를 정하고 사론을 직접 썼습니다만, 내 독단적인 서술이 아니라 우리나라와 중국의 문헌에 전하는 기록들을 모아서 재구성한 것입니다.

여전이 변호사 아, 피고 혼자가 아니라 11명의 학자가 편

교과서에는

▶『삼국사기』는 고려 인종 때 김부식을 비롯한 여러 학자들이 왕명을 받아 편찬한 책입니다. 현재 남아 있는 역사서 중 가장 오래된 것으로서,『구삼국사』와 같은 이전의 기록을 참고해 편찬되었지요.

찬에 참여했고, 내용도 독자적으로 판단해서 쓴 것이 아니라 우리나
라와 중국에 전해 오는 기록을 참고했다는 것이군요. 잘 알겠습니
다. 그렇다면 『삼국사기』는 어떤 의미와 가치를 지닌 책인가요?

김부식   『삼국사기』는 지금까지 전해 오는 가장 오래된 역사서로
우리나라 고대사를 연구하는 데 중요한 자료입니다. 그리고 내가 쓴
『삼국사기』의 서문을 보면, 고려의 귀족 관리들이 중국의 역사는 자
세히 알면서도 우리나라의 역사에 대해서는 모르고 있는 것을 일깨
워 주기 위해 책을 썼다는 내용이 있어요.

여전이 변호사와 김부식의 발언이 이어지면서 법정 분위기가 원고 측에 불리해지는 것을 느낀 박구자 변호사는 분위기를 바꾸기 위해 급히 이의를 제기했다.

박구자 변호사　　이의 있습니다, 판사님. 『삼국사기』가 소중한 문화유산이란 사실은 누구나 알고 있습니다. 그러나 소중하다고 하여 그것이 다 진실일까요? 『삼국사기』의 편찬자인 김부식과 그의 변론을 맡은 여전이 변호사의 말만으로는 『삼국사기』의 진정한 가치를 평가할 수 없습니다. 여러분께서는 이 점을 알아주셨으면 합니다.

박구자 변호사의 이의 제기에 여전이 변호사도 곧바로 반격하고 나섰다.

여전이 변호사　　그렇다면 『삼국사기』의 가치를 객관적으로 증명하기 위해 중국 역사학의 아버지라고 불리는 사마천을 증인으로 신청합니다.

판사　　네. 증인 사마천은 증인석으로 나와서 선서하세요.

사마천　　나는 진실만을 말할 것을 이 자리에서 선서합니다.

여전이 변호사가 사마천에게 다가가서 물었다.

여전이 변호사　　증인은 중국 한나라 때의 역사가로 『사기』라는 책

왜 의자왕은 백제를 망하게 했을까?

을 썼지요? 그리고 『사기』는 중국의 역사를 이해하는 길잡이가 되는 자료라고 하는데 사실입니까?

사마천   모두 사실입니다. ▶내가 『사기』를 쓴 뒤로 중국에서는 이 책을 본받아 훌륭한 역사책들이 많이 나왔지요.

여전이 변호사   그러면 증인께서는 김부식의 『삼국사기』에 대해서 어떻게 생각하십니까?

사마천   『삼국사기』도 중국의 여러 역사책처럼 『사기』의 체제를 충실히 받아들여 편찬했더군요. 한국을 대표할 수 있는 역사서라고 말씀드릴 수 있습니다. 그 편찬 책임자인 김부식 역시 뛰어난 역사가임에 틀림없습니다.

사마천의 말에 점점 표정이 밝아지는 여전이 변호사와는 달리 심각한 표정의 박구자 변호사가 판사의 허락을 받아 증인 신문을 시작했다.

박구자 변호사   증인은 김부식이 뛰어난 역사가라고 했는데, 왜 그렇게 생각하십니까? 혹시 그 말에는 『삼국사기』의 기록이 모두 역사적 사실이라는 의미도 담겨 있나요?

사마천   나는 『삼국사기』의 내용이 진실인지 아닌지 말씀드리기 어렵습니다. 다만 『삼국사기』의 서술 방식과 체제가 잘 갖추어져 있기 때문에, 그 편찬 책임을 맡은 김부식의 역사가로서의 자질과 노력도 높이 평가받아 마땅하

『사기』
『사기』는 사마천이 지은 역사책으로 상고 시대부터 한나라 무제까지의 역사를 기록했지요. 중국뿐만 아니라 그 주변 민족의 역사도 기록되어 있지요.

교과서에는

▶ 사마천은 중국 한나라 때 사람으로 나라의 책을 관리하는 일을 맡은 관리였습니다. 그가 편찬한 『사기』에는 옛날 중국에서 일어났던 중요한 사건과 제도, 인물에 대한 기록이 적혀 있습니다. 이후 많은 역사가가 『사기』를 참고하여 역사책을 썼습니다.

다는 뜻입니다. 덧붙여 말씀드린다면, 역사를 다루는 역사가는 어떠한 압력에도 굽히지 않고 심지어 목숨을 바치면서까지 자신이 믿는 진실을 기록으로 남기려고 노력합니다. 김부식 역시 역사가로서 이러한 정신을 가지고 『삼국사기』를 편찬했으리라고 봅니다.

판사 도대체 역사가 무엇이기에 역사가는 목숨까지 바칩니까? 이해하기 어렵군요.

사마천 ▶역사라는 말에는 사실로서의 역사와 기록으로서의 역사라는 두 가지 뜻이 있습니다. 내가 쓴 『사기』나 김부식의 『삼국사기』 같은 역사책들이 바로 기록으로서의 역사이지요. 기록으로서의 역사에는 목숨을 바쳐서라도 자신이 아는 진실을 꾸밈없이 기록해야 한다는 역사가들의 정신이 담겨 있습니다.

박구자 변호사 역사가들은 정말 무서운 사람이네요. 그렇다면 역사가들이 목숨을 걸고 진실을 기록하려 했으니까 역사책에 쓰여 있는 내용은 무조건 믿어야 하는 건가요?

사마천 그렇지 않습니다. 아무리 진실만을 기록하려 해도 역사가 역시 사람인 이상 여러 가지 한계를 가질 수밖에 없겠지요. 개인적인 감정 또는 선입관, 어쩔 수 없는 능력의 한계, 사회 환경이나 시대 분위기의 영향으로 인해 역사가들의 입장은 서로 다르기 마련입니다. 그러므로 역사가들이 쓴 역사책 속에서 진실을 찾는 일은 결코 쉽지 않습니다. 역사책을 읽을 때 우리는 항상 이러한 사실을 잊지 말아야 한다고 봅니다.

왜 의자왕은 백제를 망하게 했을까?

박구자 변호사의 표정이 한결 밝아졌다. 자신감에 찬 박구자 변호사는 판사와 배심원을 향해 변론을 이어갔다.

박구자 변호사 　여러분은 지금 피고 측 사마천 증인의 마지막 발언을 명심해 주시기 바랍니다. 『삼국사기』가 아무리 훌륭한 역사책이라고 해도 내용에 많은 문제가 있을 수 있다는 사실을 피고 측 증인의 발언을 통해 느끼셨을 겁니다. 저는 그것을 확신합니다. 그렇다면 어떠한 문제가 있는지 『삼국사기』의 내용을 좀 더 자세히 살펴보아야 하지 않을까요? 이상으로 피고 측 증인에 대한 신문을 마치겠습니다.

판사 　그럼 증인은 자리로 돌아가도 좋습니다.

2

『삼국사기』는
어떤 책일까?

피고 측 증인을 이용해 거꾸로 박구자 변호사가 공격을 해 오자, 김부식과 여전이 변호사는 잠시 상의하는 시간을 가졌다. 시간이 약간 지체되면서 방청석에서 웅성거리는 소리가 들렸다.

"박구자 변호사는 역시 노련하군! 상대 측 증인을 자기에게 유리하게 이용하는 솜씨가 일품이야."

"그러게 말이야. 여전이 변호사가 한 방 먹었는데."

판사 방청객 여러분은 조용히 하세요. 그럼 박 변호사의 의견대로 『삼국사기』의 내용을 살펴보기로 하겠습니다. 먼저, 여전이 변호사가 발언하겠습니까?

여전이 변호사 네, 그러겠습니다. 우리 피고 측 증인인 사마천 선생의 말씀은 역사가도 인간으로서 한계를 지니고 있고, 따라서 역사책에도 잘못된 부분이 있을 수 있다는 극히 상식적인 발언입니다. 『삼국사기』를 겨냥한 얘기가 아닙니다. 『삼국사기』의 문제점을 강조하고 싶은 박구자 변호사의 심정은 이해하지만, 그렇다고 억지 주장을 용납해서는 안 될 것입니다. 판사님, 『삼국사기』에 구체적으로 어떠한 내용이 기록되어 있는지 편찬 책임자인 피고 김부식 대감에게 발언할 수 있는 기회를 주셨으면 합니다.

박구자 변호사   엄연한 사실을 지적한 제 발언을 억지 주장으로 모는 여 변호사의 발언이 오히려 억지 같군요. 여하튼 저도 『삼국사기』의 내용을 알기 위해서는 피고 김부식의 설명이 필요하다고 생각합니다.

판사   그럼 좋습니다. 피고는 『삼국사기』의 전체적인 내용에 대해 설명해 주기 바랍니다.

김부식   속 시원히 얘기해 드리겠습니다. ▶『삼국사기』는 중국 정사의 체제인 기전체를 본받아 쓴 우리나라 최고의 역사서입니다. 분량은 전체 50권이고, 「본기」와 「열전」을 중심으로 구성되어 있습니다. 그리고 내용은 각종 역사 사실에 대한 기록과 역사가의 논찬으로 이루어져 있습니다.

판사   피고의 설명이 너무 어렵군요. 도대체 중국 정사, 기전체, 「본기」, 「열전」, 논찬 등은 무엇을 말합니까? 설명해 주시지요.

김부식   네. 중국 정사란 국가적인 차원에서 편찬한 공

교과서에는

▶ 기전체는 역사책을 쓸 때 사용되는 역사 서술 체제로서 본기, 열전, 지, 연표 등으로 구성됩니다.

인된 역사서를 말하며, 『사기』부터 『한서』, 『후한서』 등을 거쳐 『명사』까지 스물나섯 종류가 있습니다. 그래서 '25사'라고도 부르지요. 정사는 모두 『사기』의 체제를 본떠 「본기」와 「열전」 중심의 기전체로 편찬되었습니다. 「본기」에서는 황제들의 활동, 「열전」에서는 신하들과 그 밖의 주요 인물들의 활동에 대해 기록합니다. 「본기」와 「열전」을 중심으로 하는 역사 체제라는 뜻에서 '기전체'라는 용어가 만들어졌습니다. '논찬'이라는 것은 이들 황제와 신하의 활동에 대한 역사가의 평론, 다시 말해 역사 사실에 대한 역사가의 논설인 사론을 뜻하는 말입니다.

판사 역사는 역시 쉽지가 않군요. 구성에 대한 설명은 그만해도 되겠습니다. 이제부터는 『삼국사기』에 어떠한 내용이 들어 있는지 되도록 쉽게 설명해 주었으면 합니다.

김부식 알겠습니다. 『삼국사기』는 당연히 우리나라 삼국 시대의 일을 기록한 책입니다. 신라, 고구려, 백제, 이들 삼국이 건국되는 과정부터 멸망할 때까지의 일을 「본기」에서 체계적으로 다뤘습니다. 정치, 군사, 외교, 천재지변에 관한 내용이 많이 들어 있지요. 그 밖에 각국의 제도와 문물, 지리도 소개했고, 「열전」에서는 나라를 위해 충절을 바친 인물을 많이 실어서 교훈으로 삼게 했습니다.

김부식의 발언이 여기에 이르렀을 때 박구자 변호사가 피고에게 질문을 하고 싶다며 요청했다.

본기
신라 본기
고구려 본기
백제 본기

열전
김유신 열전
을지문덕 열전
사다함 열전…

『삼국사기』는 본기,
열전, 잡지, 연표로
구성되어 있어요.

삼국사기

삼국사기 전50권
김부식 지음

박구자 변호사   판사님, 잠시 제가 피고에게 질문해도 되겠습니까?

판사   지금 해야 하는 질문이라면 허락하겠습니다.

박구자 변호사   『삼국사기』에 삼국 시대의 여러 가지 일이 기록되어 있다는 사실은 잘 알았습니다. 피고는 앞서 『삼국사기』는 자신의 독단적인 서술이 아니라 우리나라와 중국의 문헌에 전하는 여러 기록을 모아서 재구성한 것이라고 하셨지요? 재구성한다는 것은 어떤 의미인가요?

김부식   역사가들이 역사책을 쓸 때는 관련 자료를 가능한 한 많

왜 의자왕은 백제를 망하게 했을까?

이 수집합니다. 그러다 보니 한 가지 일에 대해서도 서로 다른 기록이 종종 나타납니다. 그 경우 역사가는 자신이 옳다고 판단한 자료를 선택하게 됩니다. 나 역시 그렇게 자료를 선택했고, 그 자료들을 내가 정한『삼국사기』의 체제에 맞추어 다시 활용했는데, 그것을 재구성이라고 표현한 것입니다.

박구자 변호사　아, 그렇군요. 그러니까 같은 일인데도 다른 내용으로 기록된 자료들이 존재할 때 역사가는 자신이 옳다고 생각하는 자료를 선택한다는 것이군요.『삼국사기』편찬 당시에 피고도 그렇게 했고요. 그런데 피고는 삼국을 말할 때 왜 신라, 고구려, 백제 순서로 얘기하시나요?

　　박구자 변호사의 유도 신문이 이어지자 여전이 변호사는 급히 이의를 제기하며, 새로운 증인을 신청했다.

여전이 변호사　이의 있습니다, 판사님. 박 변호사는 유도 신문을 통해 피고를 함정에 빠트리려 하고 있습니다. 더 이상 이런 행동을 허용해서는 안 될 것입니다. 그리고『삼국사기』의 내용을 다른 사람들은 어떻게 생각하고 있는지 알아보기 위해 새로운 증인으로 신라의 김유신 장군을 불러 주시기 바랍니다.

판사　네. 이의를 받아들입니다. 박 변호사는 증인에게 유도 신문을 해서는 안 된다는 사실을 잘 알고 있겠지요? 앞으로 주의하기 바랍니다.『삼국사기』의 내용에 대한 피고의 설명은 충분히 들은 것 같습니다. 그럼 증인으로 김유신 장군을 부르도록 하겠습니다.

　　이때 박구자 변호사도 이의를 제기했다.

박구자 변호사　　판사님, 이의 있습니다.

판사　뭔가요?

박구자 변호사　　증인 김유신에 대한 내용은 『삼국사기』의 「열전」 에서 가장 많은 분량을 차지합니다. 그 정도로 증인은 피고에게 인 정받고 있습니다. 이를 잘 아는 증인이 피고에게 일방적으로 유리한 증언을 할 것이 예상됩니다. 증인의 증언은 객관성이 떨어질 수 있 으니, 이 점을 참고해 주시기 바랍니다.

여전이 변호사　　그렇지 않습니다. 「열전」에서 증인 김유신의 분량 이 많다는 것은 『삼국사기』에서 증인이 그만큼 중요한 위치에 있다 는 뜻입니다. 그런 증인의 발언을 듣지 않는다면 누구의 말을 듣겠 습니까?

판사　　여 변호사의 말에 일리가 있습니다. 증인의 증언을 듣도록 하되, 박 변호사의 이의 신청 내용을 참고하여 판단하겠습니다.

박구자 변호사　　판사님, 그렇다면 저희가 증인으로 신청한 백제의 장군 흑치상지에 대한 신문도 곧바로 진행할 수 있도록 해 주십시오.

판사　　좋습니다. 먼저 김유신 장군에 대한 증인 신문이 끝난 후, 흑 치상지 장군에 대한 증인 신문을 하겠으니 준비하기 바랍니다. 증인 김유신 장군은 나와서 증인 선서를 해주세요.

김유신   나 김유신은 오직 진실만을 말할 것을 이 자리에서 선서합니다.

여전이 변호사   증인, 『삼국사기』 「열전」에서 증인에 관한 내용이 가장 많이 등장하는 이유가 무엇이라고 생각하나요? 혹시 피고가 증인을 좋아해서 의도적으로 기록한 것일까요?

김유신   김부식 대감이 나를 좋아하는지 어떤지 나는 알 수가 없습니다. 그러나 설령 좋아한다고 해도 그것 때문에 『삼국사기』 「열전」에서 나에 대해 많이 기록했다고는 생각하지 않습니다. ▶백제와 고구려가 멸망하고 신라가 삼국을 통일하는 과정에서 내가 신라의 장군으로서 가장 중요한 역할을 했고, 또 나에 대한 자료가 다른 사람들 것보다 많이 남아 있어서 그렇게 되지 않았나 생각합니다.

여전이 변호사　　　그럼 『삼국사기』에서 증인 외에 다른 사람들에 관한 기록은 어떻다고 생각합니까?

김유신　　　『삼국사기』「열전」에는 고구려나 백제 사람보다 신라 사람에 대한 기록이 압도적으로 많습니다. 개인적으로 나는 이 점을 매우 아쉽게 생각합니다. 그렇지만 피고인 김부식 대감이 의도적으로 그렇게 했다는 생각은 하지 않습니다. 신라보다 고구려와 백제가 일찍 망해 자료들이 거의 다 없어져서 정보가 부족했기 때문에 어쩔 수 없이 그렇게 되지 않았나 싶습니다.

여전이 변호사　　　네, 증인의 발언을 듣고 보니 피고 김부식 대감이 『삼국사기』를 편찬하기 위해 자료를 수집하며 겪었을 어려움이 눈에 보이는 듯합니다. 그럼 그렇게 어렵게 쓰인 『삼국사기』의 내용이 우리에게 어떤 도움을 준다고 생각하시는지 말씀해 주실 수 있나요?

김유신　　　『삼국사기』에 나의 열전을 쓸 때 김부식 대감은 나의 후손이 나에 대해 쓴 책인 『행록』 열 권을 활용했습니다. 그러면서 한 말이 있습니다. 거기에는 만들어 낸 이야기가 많으므로 쓸 만한 것만을 뽑아서 이 전기를 만들었다고요. 김부식 대감이 진실만을 다루기 위해 애쓴 모습을 엿볼 수 있지요. 그리고「본기」의 내용이 어느 한 나라에 치우치지 않고 공평하게 기록되어 있습니다. 김부식 대감이 진실을 추구하고 공평한 자세를 유지하려고 노력한 사실이 그대로 드러납니다.

여전이 변호사 『삼국사기』의 내용이 신라에 치우쳤다고 단정하기는 어렵겠군요.

김유신 더욱 중요한 것은『삼국사기』가 편찬되지 않았다면 우리는 지금도 삼국의 역사와 인물들을 자세히 알지 못했으리라는 사실이지요.『삼국사기』가 우리나라 삼국 시대의 역사와 지리, 문물, 제도, 인물 등에 관한 많은 정보를 담고 있을 뿐만 아니라, 그것을 우리에게 알려 주고 새롭게 연구할 수 있도록 자료를 제공해 준다는 의미에서 나는『삼국사기』가 우리 역사의 보물 창고라고 감히 말하고 싶습니다.

여전이 변호사 『삼국사기』가 우리 역사의 보물 창고라! 멋진 말이군요. 그럼 마지막으로 원고 측에서 문제 삼고 있는『삼국사기』의 의자왕 관련 기록에 대한 증인의 생각을 밝혀 주시겠습니까?

김유신 글쎄요. 의자왕이 억울한 누명을 썼는지 어떤지는 내 입으로 말하기 곤란하군요. 그러나 나는 원고보다 피고인 김부식 대감의 주장을 믿고 싶습니다. 의자왕이 우리 신라를 끊임없이 공격해 괴롭힌 것은 분명한 사실이니까요. 그리고『삼국사기』에는 의자왕에 관한 기록도 있지만, 그보다 더 중요한 다른 기록도 많다는 사실을 강조해서 말씀드리고자 합니다.

여전이 변호사   네, 증언 감사합니다. 증인의 증언을 통해『삼국사기』의 가치를 충분히 이해할 수 있었습니다. 여러분,『삼국사기』가 우리 역사의 보물 창고라는 말과,『삼국사기』에는 의자왕에 대한 기록보다 더 중요한 다른 기록도 많다는 증인의 발언을 기억해 주시기 바랍니다. 이것으로 증인 김유신 장군에 대한 신문을 마치겠습니다.

판사   네. 여 변호사 수고했습니다. 증인 김유신 장군은 자리로 돌아가도 좋습니다.

왜 의자왕은 백제를 망하게 했을까?

역사를 쓰는 방법

기전체　기전체는 사마천의 『사기』에서 처음 사용한 방법이에요. 제왕의 행적을 중심으로 「본기」를 구성하고, 제후의 역사를 「세가」에 서술합니다. 그 외에 중요하거나 유명한 인물의 일화는 「열전」에 담고, 경제 · 법률 · 천문 등과 같은 문물과 제도를 「지」의 형식으로 서술합니다. 그리고 마지막으로 각 시대의 역사 흐름을 「표」로 구성하지요. 『삼국사기』와 『고려사』는 기전체로 쓰인 역사책이랍니다.

편년체　편년체는 연대순으로 역사를 기록하는 방법이에요. 언제 무슨 일이 일어났는지를 일어난 순서대로 적는 것이지요. 중국 후한 때의 역사책인 『한기』에서 이 방법을 처음 사용했습니다. 『조선왕조실록』과 『동국통감』 등이 편년체 역사책에 해당하지요.

기사본말체　기사본말체는 사건별로 역사를 서술하는 방법입니다. 기전체와 편년체의 경우 같은 사건에 대한 기록이 인물별, 연도별로 흩어질 수밖에 없어요. 기사본말체는 이러한 단점을 보완하여 어떤 사건의 원인, 발단, 전개 과정, 영향 등을 체계적으로 설명하지요. 중국 남송 때에 쓰인 『통감기사본말』이라는 역사책이 기사본말체의 시작입니다.

3

『삼국사기』에 가려진
의자왕의 진실은 무엇일까?

두 변호사의 변론이 끝날 때마다 엎치락뒤치락하며 전세가 바뀌자 방청객들은 긴장의 끈을 놓지 않고 고요함을 지켰다. 이러한 분위기를 뒤집고 원고 측 증인을 요청하기 위해 박구자 변호사가 나섰다.

박구자 변호사   존경하는 판사님, 그리고 배심원 여러분, 『삼국사기』가 우리 역사의 보물 창고라는 말은 저에게도 참 인상 깊고 오래 기억에 남을 것 같습니다. 그런데 저는 여기서 한 가지만 더 지적하고 싶네요. 보물 창고에는 과연 진짜 보물만 있을까요? 혹시 겉모습은 보물처럼 보이지만 속은 가짜가 들어 있지는 않을까요? 창고 안의 물건들이 진짜인지 아닌지는 감정을 받아 보아야 알겠지요? 저는 『삼국사기』의 기록 중에 가짜도 있다는 사실을 증명하기 위해 백제의 장군 흑치상지를 증인으로 부르고자 합니다.

판사　네. 백제의 흑치상지 장군은 증인석으로 나와 증인 선서를 하기 바랍니다.

흑치상지　나 흑치상지는 오직 진실만을 말할 것을 선서합니다.

박구자 변호사　▶제가 듣기로 장군은 백제의 마지막 수도였던 사비성, 즉 지금의 부여가 나당 연합군에게 점령당하자 본 법정의 원고인 의자왕을 따라 항복했다가 곧 도망해 백제 부흥 운동을 일으켰습니다. 그 뒤 다시 당나라에 항복해서 중국으로 건너가 활동했고, 그곳에서 죽어 의자왕이 묻힌 낙양의 북망산에 묻히는 파란만장한 생애를 살았다고 하더군요.

흑치상지　네, 나는 백제가 점령당한 뒤 백제의 장군으로서 백제를 부흥시키기 위해 노력했습니다. 그러나 이러한 뜻이 이루어지지 못했기 때문에 안타깝게도 중국에서 살아야 했습니다. 내 나라를 잃고 다른 나라에서 살 수밖에 없는 서러움을 잊기 위해 장군으로서 능력을 발휘하려 온 힘을 다했습니다. 나뿐만 아니라 중국에 건너온 백제인들은 모두 그렇게 살았습니다.

박구자 변호사　오늘 장군을 증인으로 모신 이유는 장군이 백제인으로서만이 아니라 우리나라 사람으로는 유일하게 중국 역사서인 『구당서』, 『신당서』와 우리나라 역사서인 『삼국사기』의 「열전」에 모두 이름이 올라가는 특별한 영광을 누렸기 때문입니다. 어떻게 중국과 우리나라 역

『구당서』

낭나라의 역사를 기록한 책입니다. 940년에 완성되었으며 총 2백 권으로 구성되어 있어요.

『신당서』

『구당서』에 빠진 내용을 바로잡아 편찬한 당나라의 역사책입니다. 중국 송나라 때에 구양수, 송기 등이 편찬했지요.

교과서에는

▶ 백제가 멸망한 이후 각 지방에서는 백제 부흥 운동이 일어났습니다. 흑치상지와 복신, 도침 등은 왕자 부여 풍을 왕으로 추대하고 군사를 일으켰어요. 이들은 사비성과 웅진성의 당나라 군대를 공격하며 저항했지만 3년 만에 진압되었습니다.

사책에서 장군의 열전이 기록되었는지 말씀해 주시겠습니까?

흑치상지　당나라로 건너 간 후 나는 전쟁터에 나가 많은 공을 세웠고, 그 덕에 높은 벼슬도 얻었습니다. 그러나 결국은 모함에 빠졌고 억울함을 못이겨 감옥에서 자살했지요. 죽은 뒤에는 누명이 벗겨졌고 내가 세운 공을 인정받아 중국의 역사책에까지 이름이 오르게 된 것입니다. 그리고 나의 후손들은 중국에서 각자 능력을 인정받으며 살게 되었으니, 이렇게 보면 나는 행운아라고 할 수도 있겠지요. 오늘 피고로 나온 김부식이 『삼국사기』의 「열전」에 내 이름을 올린 것은 내가 좋아서라기보다 중국을 우러러보던 그가 중국 역사서에 있는 나의 열전을 무시할 수 없었기 때문이었다고 생각합니다.

박구자 변호사　그러면 증인은 『삼국사기』 「열전」에 실린 본인에 관한 내용을 어떻게 생각하십니까?

흑치상지　남들은 부러워할지 몰라도 나는 이루 말할 수 없는 큰 슬픔만 느끼고 있습니다.

박구자 변호사　왜 그런가요? 이유를 말씀해 주시지요.

흑치상지　『삼국사기』에 실린 나의 이야기는 중국 『신당서』의 「열전」 내용을 그대로 옮겨 놓은 것입니다. 그것도 내용을 축소시켜서 말이지요. 앞서 피고의 증인으로 나온 김유신 장군의 열전과 비교하면 초라함을 느끼실 겁니다. 나의 열전은 그나마도 길지 않은 『신당서』의 내용마저도 줄여서 기록했으면서, 김유신 장군은 필요 이상으로 많은 페이지에 걸쳐 소개하고 끝에는 논찬까지 넣어 칭찬하고 있습니다. 『삼국사기』에서 이렇게 차별 대우를 받는 나의 열전이 나

에게는 패자의 슬픔을 또 한 번 맛보게 하는 것이니 무엇이 좋겠습
니까?

박구자 변호사와 흑치상지의 대화가 『삼국사기』를 공격하는 방
향으로 흘렀다. 이를 지켜보던 여전이 변호사는 김부식과 귀엣말을
건넨 뒤, 이내 이의를 제기했다.

여전이 변호사 판사님, 이의 있습니다. 박 변호사와 원고 측 증인
은 『삼국사기』의 가치를 떨어뜨리고 있습니다. 더 이상 용납해서는
안 되리라고 생각합니다. 제가 다른 방향으로 증인에게 질문을 하고
싶은데 허락해 주시겠습니까?

판사 내가 보기에 아직 이의를 제기할 정도는 아닙니다. 다만 증
인에 대한 여 변호사의 신문 요청은 분위기를 새롭게 하기 위해 허
락합니다.

여전이 변호사 증인, 증인은 김부식 대감에게 섭섭한 게 아주 많은
것 같군요. 그러나 저는 오히려 백제 부흥 운동 과정에서 수시로 항
복과 배반을 일삼은 증인의 말을 어디까지 믿어야 할지 모르겠습니
다. 그리고 『삼국사기』는 우리나라 삼국에 대한 기록입니다. 증인이
중국에서 활동한 내용을 구태여 자세히 넣을 필요가 있을까요?

흑치상지 나는 이 자리에서 선서한 대로 진실만을 말하겠습니다.
사람들은 내가 백제 부흥 운동을 하다가 당나라에 항복하고는 옛 동
료인 백제 부흥 운동 세력을 공격한 배신자라는 말들을 합니다. 그

러나 나는 처음부터 끝까지 백제의 부흥을 꿈꾸었고, 나의 모든 행동은 그것을 이루기 위한 어쩔 수 없는 선택이었다는 점을 분명히 말씀드리겠습니다. 진실은 언젠가 밝혀지겠지요. 그리고 『삼국사기』에 기록된 나의 열전과 관련해서는 더 이상 내 입으로 말하고 싶지 않습니다.

여전이 변호사　　그럼 제가 지적한 내용을 어느 정도 인정한다는 것입니까?

흑치상지　　그렇지 않습니다. 내 문제를 내 입으로 자꾸 얘기하는 것이 내키지 않는다는 것이고, 「열전」의 다른 문제는 얼마든지 말씀드릴 수 있습니다.

여전이 변호사　　도대체 또 어떤 문제가 있다는 건가요?

흑치상지　　우선 「열전」에 주인공으로 나오는 사람의 수만 살펴보아도 그렇습니다. ▶후삼국 시대의 인물인 궁예와 견훤을 빼면, 신라인 39명, 고구려인 8명, 백제인 3명입니다. 신라 중심으로 인물을 소개했다는 것이 분명하지요? 또 논찬이 달린 경우는 신라인 5명, 고구려인 2명입니다. 논찬의 수나 내용 면에서 신라인에 대한 김부식의 애착을 엿볼 수 있습니다. 말씀드리기 거북하지만, 내 열전에도 사실 논찬이 있을 법한데 없습니다.

여전이 변호사　　증인의 말씀은 그럴듯하면서도 어이가 없군요. 이미 앞에서 얘기가 나왔듯이 신라보다 일찍 망한 고구려나 백제는 남아 있는 자료가 적어서 부득이하게 그렇게 된 것 아닌가요?

흑치상지 물론 나도 그 점은 감안해야 한다고 생각합니다. 그렇다고 해도 백제를 깎아내리려는 김부식의 나쁜 의도가 『삼국사기』에 담긴 것만은 분명합니다. 『삼국사기』「열전」에 실린 백제인 세 명중 나에 대한 기록은 중국의 역사서에 열전이 있어서 그 기록을 따른 것이기는 하지만, 여하튼 나라를 잃고 동료를 배신한 뒤 중국에서 살았다는 내용입니다. 나머지 두 명은 나보다 더 어두운 면만 다루고 있습니다.

여전이 변호사 나머지 두 명이라면, 계백 장군과 도미를 말하는 것인가요?

흑치상지　　그렇습니다. ▶계백 장군의 경우는 내용이 극히 짧은 것은 말할 것도 없고, 황산벌 전투에 나가기 전에 처와 자식을 모두 죽였다고 기록하고 있지요. 신라인은 몰라도 백제인은 그렇게 잔인하지 않습니다. 또 도미에 관한 내용에서는 백제 개루왕을 백성의 부인이나 탐내는 나쁜 인간으로 묘사하고 있습니다. 백제인들에게는 불행하고 슬픈 일만 있었나요? 백제에는 배신을 일삼는 악질적인 인간들만 살았나요? 겨우 세 명의 백제인을 소개하면서도 내용의 대부분이 백제를 깎아내리는 것들뿐입니다. 이런 데도 신라 왕실의 후손인 김부식이 신라 편에 서서『삼국사기』를 편찬한 것이 아니라고 말할 수 있을까요?

여전이 변호사　　백제를 향한 증인의 애틋한 정을 누가 말릴 수 있겠습니까? 그러나 그런 일방적인 애정이 증인의 시야를 좁게 만들 수 있다는 사실도 깨달았으면 합니다.

흑치상지　　그럴 수도 있겠습니다. 다만, 나는 일찍부터 의자왕을 모셔 왔고, 그 후에는 의자왕의 태자이며 웅진도독으로 임명된 부여륭과 오랜 세월을 함께하며 백제를 다시 일으키기 위해 노력했습니다. 그래서 의자왕과 부여륭에 관한 진실은 누구보다도 내가 잘 알지요. 그런데『삼국사기』의「본기」는 이들 두 사람에 관한 내용도 많은 부분을 왜곡하고 있습니다. 특히 의자왕을 술 마시며 놀다가

황산벌 전투

660년에 황산벌에서 백제와 신라 사이에 벌어졌던 전투입니다. 처음에는 백제가 승리를 거두는 듯했으나, 신라의 어린 화랑 관창이 죽은 후 신라군의 사기가 올라 백제군을 총공격하였고 결국 신라가 승리했습니다.

부여륭

의자왕의 아들로 660년 의자왕과 함께 웅진성으로 피신했다가 당나라군의 포로가 되었습니다. 이후 664년에는 웅진도독이 되어 백제의 옛 땅을 다스렸지요.

교과서에는

▶ 계백은 황산벌 전투로 유명한 백제의 장군입니다. 그는 "백제가 망하면 나의 아내와 자식이 포로로 잡혀 노비가 될지 모르니, 차라리 죽는 것이 낫다"고 말하며 가족을 죽이고 전쟁터로 나갔다고 해요.

나라까지 망친 음탕한 임금으로 기록해 놓고 있는데, 이런 말도 안 되는 억울한 일이 어디에 있습니까? 『삼국사기』로 인해 의자왕의 진실은 가려졌습니다. 누구에게 그 책임을 물어야 하나요?

판사   자자. 오늘은 이 정도면 된 것 같습니다. 예정보다 시간이 많이 경과했기 때문에 오늘 재판은 그만 끝내야 할 것 같군요. 증인은 자리해 주시지요. '의자왕의 진실이 무엇인가' 하는 문제는 다음 주에 열릴 두 번째 재판에서 정식으로 다루겠습니다. 이것으로 첫 번째 재판을 마칩니다.

땅, 땅, 땅!

3천 궁녀의 진실 혹은 거짓

의자왕에게는 3천 명의 궁녀가 있었다고 알려져 있어요. 백제가 나당 연합군에 의해 멸망하자 백마강 바위 위에서 강에 몸을 던져 죽었다고 하지요. 이 바위는 현재 충남 부여에 있으며 '낙화암'이라고 불립니다. 강물에 몸을 던져 죽은 궁녀들을 꽃에 비유하며 고려 시대부터 이곳을 낙화암이라고 부르기 시작한 데서 비롯된 이름입니다.

그런데 정말 의자왕에게는 3천 명이나 되는 궁녀가 있었을까요? 백제가 멸망할 당시 수도 사비성의 인구는 5만 명 정도였다고 합니다. 그런데 그중 3천 명이 궁녀였다는 것은 말이 되지 않는다고 해요. 황산벌 전투에 출전한 백제 병사의 수가 5천 명인 것과 비교하면 3천 궁녀는 더욱 말이 안 되는 숫자이지요. 의자왕의 궁녀가 3천 명이었다는 것은 조선 시대의 문인들이 문학적인 상징으로 쓰기 시작했던 것이 사실로 받아들여진 것이랍니다.

다알지 기자

안녕하세요. 시청자 여러분. 역사공화국 법정 뉴스의 다알지 기자입니다. 지금 저는 의자왕과 김부식의 재판이 열리고 있는 한국사법정 앞에 나와 있습니다. 오늘 재판에서는 『삼국사기』가 과연 어떤 책이며, 어떤 의의를 가지는지, 또 이 책이 삼국의 역사를 공평하게 기록했는지를 살펴보았습니다. 오늘 재판에는 중국의 역사학자인 사마천이 피고 측 증인으로 나왔는데요. 사마천은 중국 역사학의 아버지답게 '사실로서의 역사'와 '기록으로서의 역사'의 차이를 설명하며 김부식 대감을 훌륭한 역사가라고 칭찬했지요. 한편 신라의 김유신 장군과 백제의 흑치상지 장군은 각각 피고 측과 원고 측 증인으로 나와 증언해 주었는데요. 오늘 법정 뉴스에서는 이 두 분을 만나 이야기를 들어 보겠습니다. 두 분 증인은 이번 재판의 결과를 어떻게 예상하십니까?

흑치상지

당연히 우리 의자왕께서 승소할 것입니다. 오늘 재판에서 『삼국사기』가 얼마나 백제의 기록을 왜곡하고 축소했는지 내가 충분히 증언하지 않았나요? 김부식 대감이 『삼국사기』에 나의 열전을 기록한 것은 순전히 나에 대한 기록이 중국 역사책에 등장했기 때문입니다. 그 양반은 중국을 우러러보는 경향이 있거든요. 게다가 『삼국사기』「열전」에 나온 사람들의 수를 국적별로 세어 보면 신라 사람이 39명, 고구려 사람이 8명, 백제 사람이 3명으로 그 수가 압도적으로 신라 사람이 많습니다. 그마저도 백제의 기록은 어둡고 불행하고 슬픈 내용만 적혀 있지요. 이런 정황만 살펴보아도 우리 의자왕께서 얼마나 억울하실지 명백하게 드러납니다.

김유신

　나는 사실 김부식 대감이 한국사법정에
피고로 섰다는 사실 자체가 말이 안 된다고 생
각합니다. 『삼국사기』가 도대체 어떤 책입니까?
삼국 시대의 역사에 대해 알려 주는 가장 오래된 역사책 아닙니까? 그
런 역사책을 쓴 사람이 소송을 당하다니요. 게다가 의자왕의 명예를
훼손했다는 것은 더욱 말이 안 됩니다. 물론 『삼국사기』 「열전」에 신라
사람의 수가 많은 것은 사실이지요. 하지만 그건 김부식 대감이 의도
한 것이 아니라 남아 있는 역사 기록이 적었기 때문이에요. 김부식 대
감이 삼국의 역사를 어느 한 쪽에 치우치지 않고 공정하게 기록하려고
노력했다는 것은 분명합니다.

왜 의자왕은 끊임없이 신라를 공격했을까?

1. 삼국의 국제 정세는 어땠을까?
2. 의자왕은 과연 무능한 통치자였을까?
3. 의자왕이 신라를 공격한 진짜 이유는 무엇일까?

삼국의 국제 정세는
어땠을까?

　　의자왕과 김부식의 2차 재판이 열리는 법정 안은 1차 재판 때처럼 방청객으로 넘쳐 났다. 그러나 1차 재판 때와 달리 이미 재판정 분위기에 익숙해진 방청객들은 조용한 가운데 재판이 시작되기를 기다리고 있었다. 이윽고 검은색 법복을 입은 판사가 들어왔고 배심원과 방청객들도 자리에 앉았다.

판사　　재판 둘째 날인 오늘은 원고인 의자왕이 실제로 어떤 정치를 펼쳤는지 알아봅시다. 먼저 원고가 끊임없이 신라를 공격한 이유를 알기 위해서는 당시의 국제 정세를 살펴봐야 할 것 같은데, 원고 측 박구자 변호사부터 발언하겠습니까?

박구자 변호사　　네, 판사님. 당시 동북아시아의 국제 정세는 고구려, 백제, 왜, 돌궐을 연결하는 남북 세력과 신라와 중국을 연결하는 동서 세력 간에 나둠의 양상을 띠었습니다. 이러한 국제 정세가 어떻게 형성되었는지 알기 위해서는 아무래도 원고인 의자왕의 설명을 들어 보아야 할 것 같습니다. 허락해 주시기 바랍니다.

판사 허락합니다. 원고는 그 당시의 국제 정세에 대해 아는 대로 설명해 주세요.

의자왕 네, 알겠습니다. 동북아시아의 국제 정세가 남북 세력과 동서 세력 간 다툼의 양상을 띤 것은 7세기 중엽의 일입니다. 나의 아버지인 무왕은 물론이고 나도 처음에는 당나라와 매우 가깝게 지냈어요.

판사 그럼 원고는 처음에는 당나라와 가깝게 지내다 나중에 사이가 멀어졌다는 말이군요. 그 이유를 설명해 주시지요.

의자왕 하나하나 다 설명하기 어려운 복잡한 사연이 있습니다. 여기서는 가능한 한 짧게 설명하지요. 40세가 넘어 왕이 된 나는 즉위하면서 이웃 나라에 대한 외교 방침을 세웠습니다. 당, 고구려, 왜와 손을 잡고 신라를 공격한다는 것입니다. 그런데 계속 공격을 받던 신라는 당나라에 도움을 요청했고, 당나라는 신라를 공격하지 말라며 우리 백제를 협박했습니다. 나 역시 당나라에 사람을 보내 백제의 입장을 몇 번씩 얘기했지만 끝내 받아들여지지 않았습니다. 신라에 대한 공격을 포기할 수 없었던 나는 결국 당나라와 관계를 끊었습니다. 그래서 동북아시아의 국제 정세가 남북 세력과 동서 세력의 대결 양상으로 나뉘게 된 것입니다.

　　이때 박구자 변호사가 궁금함을 견디지 못하겠다는 듯이 질문을 했다.

박구자 변호사　　당나라는 왜 원고의 입장을 이해해 주지 않고 신라 편만 들었나요?

의자왕　　당시는 힘과 권위를 지닌 당나라를 중심으로 국제 질서가 형성되어 있었습니다. 당나라는 주변의 모든 국가가 평화로운 분위기 속에서 자신과 교류하기를 원했지요. 그러므로 자기 말을 듣지 않고 신라를 공격하는 나를 아마 세계 평화를 해치는 국제적인 문제

　　왜 의자왕은 백제를 망하게 했을까?

아로 생각했을 겁니다.

박구사 변호사   원고 스스로도 자신이 국제적인 문제아였다고 생각하시나요?

의자왕   말도 안 됩니다. 내가 신라를 공격한 이유는 우리 백제와 신라 사이에 풀어야 할 오랜 문제가 있었기 때문입니다. 그런데 제3자인 당나라의 간섭 때문에 나는 그 문제를 풀지 못했습니다. 뿐만 아니라 우리 백제가 멸망하는 엄청난 불행을 겪었습니다. 내가 국제적인 문제아가 아니라 당나라가 국제 질서를 자신들 마음대로 가지고 노는 독불장군이었지요.

의자왕의 진술이 여기에 이르자 여전이 변호사가 이의 제기를 하며 김춘추를 증인으로 요청하고 나섰다.

여전이 변호사   판사님, 이의 있습니다. 원고는 자신이 국제 사회의 주인공이고 국제 정세도 자기 뜻대로 움직여 나가야 한다는 착각에 빠져 있는 듯합니다. 동북아시아에 백제만 있는 것이 아니지요. 다른 나라들 역시 각자의 입장이 있습니다. 신라도 과연 원고와 같은 생각일까요? 이를 알아보기 위해 당시 웅변에 능하고 외교적 수완이 뛰어났다는 평가를 받는 신라의 제29대 왕인 무열왕 김춘추를 증인으로 신청합니다.

판사   원고는 자기 입장을 말할 자유가 있기 때문에 여 변호사의 이의는 받아들이지 않겠습니다. 다만 원고의 생각을 들었으니, 이제 원고로부터 공격을 받은 신라의 말도 당연히 들어야 하겠지요. 증인은 나와서 선서하기 바랍니다.

김춘추   나 김춘추는 진실만을 말할 것을 선서합니다.

여전이 변호사   증인은 웅변에 능하고 외교적 수완이 뛰어나 신라의 왕이 되었을 뿐만 아니라 백제를 성공적으로 정복했는데요. 처음부터 그런 외교 능력을 지니고 있었나요?

김춘추   그렇지 않습니다. 내가 외교 능력을 발휘하게 되기까지는 복잡하고 슬픈 사연이 있습니다.

여전이 변호사   뜻밖이군요. 그 사연을 말씀해 주시겠습니까?

김춘추   ▶의자왕의 명령을 받은 백제 장군 윤충이 신라의 대야성을 공격했을 때, 내 딸과 대야성의 성주로 있던 사위가 전사했습니다. 그 소식을 들은 나는 한동안 충격과 슬픔에서 벗어날 수 없었지요. 이후 나의 관심은 오로지 백제에 대한 복수뿐이었습니다. 복수를 위해 위험을 무릅쓰고 고구려, 왜, 당 등을 돌아다니며 할 수 있는 모든 일을 했습니다.

교과서에는

▶ 의자왕이 즉위한 이후 백제는 신라를 더 자주 공격했습니다. 의자왕은 신라의 대야성을 비롯한 여러 개의 성을 빼앗았고, 고구려와 함께 신라의 당항성을 공격했지요.

김춘추의 말을 듣고 방청석 여기저기에서 동정의 목소리가 흘러나왔다.

"얼마나 마음이 아팠을까? 신라 무열왕이 백제를 점령하려고 끝까지 노력한 이유를 알 만하군."

"나 같아도 의자왕을 용서하지 않았겠다."

판사 조용히 하세요. 재판 중에 잡담은 일절 금합니다. 증인은 계속 발언해 주세요.

김춘추 고구려에 갔을 때 나는 중요한 사실을 깨달았습니다.

여전이 변호사 그게 무엇인가요?

김춘추 ▶고구려는 우리 신라가 옛날에 빼앗아 간 자신들의 땅만 되돌려 주면 우리를 도와 함께 백제를 공격하겠다고 했습니다. 백제와 동맹을 맺고 있던 고구려의 입에서 이런 말이 나왔으니 놀라웠지요. 물론 나는 땅을 돌려 달라는 요구를 받아들일 수 없어서 감옥에 갇혔습니다. 그런데 감옥에 갇힌 내게 **선도해**라는 고구려 관료가 자라와 토끼의 간 이야기를 들려주었습니다. 오늘 재판의 피고인 김부식의 『삼국사기』에 나오는 이 내용은 지금 〈토끼와 자라〉라는 동화로 널리 알려져 있습니다. 산속 바위 밑에 숨겨 놓은 간을 가져다 주겠다며 자라를 속인 토끼처럼 나도 거짓말을 하고서야 겨우 위기를 벗어날 수 있었지요.

여전이 변호사 아, 〈토끼와 자라〉 이야기가 바로 김춘추 증인과 관련된 것이었군요. 그런데 깨달았다는 중요한 사실은 무엇입니까?

김춘추 고구려의 도움을 받지는 못했지만, 나는 이 사건을 통해 국제 관계에서는 정의나 의리보다 자기 나라의 이익에 따라 속임수를 쓰는 것이 때로는 필요하다는 것을 비로소 알게 되었습니다. 나로서는 큰 성과였다고 할 수

선도해
고구려 제27대 영류왕 때의 신하입니다. 감옥에 갇힌 김춘추에게 뇌물을 받고 〈토끼와 자라〉 이야기를 해 주었어요.

교과서에는

▶ 신라는 고구려와 연합을 꾀했지만 성공하지 못했습니다. 그래서 당나라와 군사 동맹을 맺어 백제와 고구려를 멸망시키려고 했지요.

있지요. 이때의 깨달음으로 이후 성공적인 외교 활동을 펼칠 수 있었고, 그 결과 당나라의 힘을 끌어들여 백제를 점령하는 데 성공했으니까요.

연개소문
고구려 말기의 장군이자 재상으로 영류왕을 죽인 후 고구려의 정권을 잡았습니다.

어이없다는 태도로 김춘추의 증언을 듣던 박구자 변호사가 판사의 허락을 얻어 증인 신문에 나섰다.

박구자 변호사　증인, 증인의 말에 의하면 자기 나라의 이익에 따라 속임수를 쓰면서 국제 관계를 수시로 변화시킨다는 것인데, 이 글을 읽는 학생들이 어떤 영향을 받을지 걱정되는군요. 증인의 뛰어난 외교의 실체가 자국의 이익만을 챙기려는 이기주의와 속임수였나요?

김춘추　반드시 그렇다기보다 그러한 요소들이 매우 중요하다는 의미입니다. 그렇다고 학생들에게 거짓말을 할 수는 없지 않나요? 나는 선서한 대로 내가 활동하던 7세기 중엽 동북아시아 국제 사회의 현실을 있는 그대로 말씀드릴 수밖에 없습니다.

박구자 변호사　그럼 좋습니다. 고구려나 신라는 그렇다 치고 백제는 어떠했나요? 백제도 국제 사회에서 속임수와 자국의 이익만을 앞세우며 활동했나요?

김춘추　그렇다고 생각합니다. 내가 당태종을 만나 알게 된 일입니다만, 백제도 고구려와 다를 것이 하나도 없더군요. 원고인 의자왕이 사람을 보내 당태종에게 한 말을 기록한 중국 자료에 원고가 자신의 본심은 당나라 군대와 함께 고구려 **연개소문**을 공격하는 것이라고 밝힌 내용이 있습니다. 백제 역시 자신의 이익에 따라 언제든지 연합을 맺은 고구려를 배반할 수 있다는 외교적 이중성을 분명히 보여 주고 있습니다.

박구자 변호사　　정말 어지럽군요. 7세기 중엽 동북아시아 국제 정세의 실체가 바로 이러한 것인가요?

　　약간 당황한 모습의 박구자 변호사가 증인 김춘추로부터 원고 의자왕에게 시선을 돌리며 물었다.

박구자 변호사　　그럼, 원고에게 묻겠습니다. 실제로 그런 일이 있었나요?

의자왕　　예, 사실이 그러합니다. 국제 사회에서 국가 간의 외교 문제는 옛날이나 지금이나 다를 것이 없다고 생각합니다. 내가 당태종에게 그런 말을 한 것은 사실입니다.

박구자 변호사　　왜 그런 말을 했는지 솔직한 속마음을 알고 싶군요.

의자왕　　나의 목적은 당나라가 고구려를 공격하게 만드는 것이 아니었습니다. 고구려와 손잡고 신라를 공격하는 백제를 탓하면서 신라 쪽으로 마음이 기운 당태종을 우리 백제 쪽으로 돌려놓고 싶은 생각에서 나온 외교적인 발언입니다. 여하튼 당나라는 당시 고구려를 공격하려 했고, 나의 최종 목적은 신라 공격을 성공적으로 마무리하는 것이었으니까요.

박구자 변호사　　그렇다면 신라 공격이라는 목적을 위해서는 고구려와의 외교를 끊을 수도 있었나요?

의자왕   그렇습니다. 그 목적을 위해 나는 낭나라와의 외교 관계도 끊을 준비가 되어 있었는데, 당나라의 도움만 받을 수 있다면 어찌 고구려와의 관계를 포기하지 않겠습니까? 자국의 이익만 생각하는 이기주의라고 손가락질할지 모르지만, 그것이 당시의 내 솔직한 심정이었습니다. 고구려도 마찬가지였다는 것은 이미 피고 측 증인 김춘추의 입을 통해 확인하지 않았습니까? 당시의 국제 정세 자체가 각국의 이익에 따라 끊임없이 변하는 믿을 수 없는 것이었지요.

박구자 변호사   네, 잘 알겠습니다. 피고 측 증인인 김춘추나 원고인 의자왕과 같이 7세기 중엽 동북아시아 국제 정세를 이끌어 나가던 주인공들이 모두 사실로 인정하니 받아들일 수밖에요. 어쨌든 저도 각 국가 간의 이해관계에 따라 삼국 시대의 국제 정세가 끊임없이 변했다는 새로운 사실을 알게 되었군요. 정치는 정말 어렵다는 것을 새삼 느끼게 됩니다. 이것으로 증인 신문을 마치도록 하겠습니다.

판사   판사인 나도 오늘 놀라운 사실을 또 하나 알게 되었습니다. 수고했습니다. 증인은 자리로 돌아가도 좋습니다.

2

의자왕은 과연 무능한 통치자였을까?

판사 삼국 시대의 국제 정세를 어느 정도 알았으므로, 이제 의자왕의 실제 정치 내용을 살펴보겠습니다. 두 분 변호사 중 누가 먼저 발언하겠습니까?

여전이 변호사 제가 먼저 피고 김부식 대감에게 질문하겠습니다.

판사 허락합니다. 그렇게 하세요.

여전이 변호사 피고가 편찬한 『삼국사기』에 따르면, 우연인지 모르나 의자왕이 당나라와 외교 관계를 끊은 653년부터 백제에 좋지 않은 일들이 계속 일어났습니다. 그중에는 믿을 만한 것도 있고, 믿기 어려운 것도 있더군요.

판사 그게 무엇인지 여 변호사가 좀 더 자세히 설명해 주세요.

여전이 변호사 네, 판사님. 예를 들어 봄 가뭄으로 백성이 굶주렸다거나 태자궁을 화려하게 수리했다는 기록, 의자왕이 궁녀들과 음당하게 지내며 술을 마시고 놀았다거나 왕의 시자 41명을 좌평으로 임명했다는 기록 등은 그래도 있었을 만한 내용입니다.

판사 그럼 믿기 어려운 기록은 무엇인가요?

여전이 변호사 '여우들이 궁중으로 들어오더니 흰 여우한 마리가 상좌평의 책상에 올라가 앉았다, 태자궁의 암탉이 작은 참새와 교미했다, 생초진에 떠내려 온 여자 시체의 길이가 18척이었다, 궁성의 남쪽 길에서 밤에 귀신이 울었다, 서울의 우물과 사비하의 물빛이 핏빛으로 변했다, 귀신이 궁중으로 들어와 백제는 망한다고 부르짖다가 땅속으로 들어가서 땅을 파 보니 등에 '백제는 둥근달과 같고 신라는 초승달과 같다'는 글자가 쓰여 있는 거북이가 나왔다' 등의 기록은 실제로 일어나기 어려운 일들이 분명하지요? 피고도 그 사실을 잘 알 텐데, 왜 이런 내용을 『삼국사기』에 기록했나요?

김부식 내가 5백 년을 거슬러 올라가 백제 말기의 상황을 직접 살펴볼 수는 없었습니다. 그러나 나를 비롯한 『삼국사기』 편찬자들이 수집한 자료 가운데 그러한 내용이 있었기 때문에 기록한 것입니다. 우리는 백제 말기의 정치와 백성의 생활이 혼란스럽고 어려웠기 때문에 그러한 기록들이 남아 있는 것으로 판단했습니다. 다시 말해 믿을 만하건 그렇지 않건 모든 내용이 백제 말기의 상황을 그대로 반영한다고 본 것이지요.

여전이 변호사 '아니 땐 굴뚝에 연기 나랴'라는 속담처럼 백제 말

기의 사회 상황이 매우 비정상적이었기 때문에 그런 이상한 이야기
들도 나타났다는 것이지요? 그렇다면 역시 원고인 의자왕이 백제
말기의 사회를 혼란에 빠트린 무능한 통치자였다는 결론이 자연스
럽게 나오는군요.

김부식　　　그렇다고 볼 수 있지요.

여전이 변호사　　　존경하는 판사님, 그리고 배심원 여러분, 저는 『삼국사기』를 편찬한 피고 김부식 대감의 역사가로서의 능력과 판단력을 존중합니다. 사실 우리가 『삼국사기』의 내용을 믿지 않는다면, 과연 그 누가 우리의 자랑스러운 문화유산인 『삼국사기』의 가치를 인정하겠습니까? 당시 백제의 최고 통치자였던 원고가 무능하여 사회가 혼란에 빠졌기 때문에 결국 상식적으로 이해하기 어려운 각종 유언비어까지 떠돌게 되었다는 점을 판사님과 배심원 여러분께서 알아주셨으면 합니다. 『삼국사기』의 기록 자체가 그 증거이므로 다른 증거를 더 제시할 필요도 없습니다.

여전이 변호사의 발언이 끝나기가 무섭게 박구자 변호사의 반격이 이어졌다.

박구자 변호사　여 변호사는 1차 재판의 내용을 벌써 잊었나요? 『삼국사기』는 사실로서의 역사가 아니라 기록으로서의 역사입니다. 피고 측 증인인 사마천이 기록으로서의 역사에는 기록자인 역사가의 개인적인 한계가 들어갈 수밖에 없다고 증언하지 않았나요? 이 자리에는 당사자인 원고 의자왕이 있습니다. 원고도 여 변호사와 피고의 말을 인정할까요? 어찌 당사자의 말은 들어 보지도 않고 5백 년 뒤에 쓰인 『삼국사기』 기록만으로 단정 짓는 것입니까? 판사님, 저는 당사자인 원고의 말이 그 어떤 증거보다도 중요하다고 생각합니다. 원고에게 질문할 기회를 요청합니다.

판사　네, 허락합니다.

박구자 변호사　　원고는 『삼국사기』의 내용이 백제 말기의 혼란스러운 상황을 반영한다는 피고 측의 주장을 어떻게 생각하십니까?

의자왕　　물론 인정할 수 없습니다. 그래서 내가 이번 재판에 원고로 나서게 되었다는 것을 박 변호사도 잘 알지 않습니까?

박구자 변호사　　그렇다면 왜 그런 믿을 수 없는 소문들이 퍼져 나갔던 것일까요?

의자왕　　패망한 나라의 마지막 임금에게 모든 책임을 떠넘기려다보니 그렇게 되지 않았나 싶습니다. 사실 중국의 역사 기록을 찾아보면 망한 나라의 마지막 임금들은 대부분 나와 같은 모습으로 기록되어 있습니다. 사치와 향락에 빠진 군주는 정치에 관심이 없고, 백성은 가뭄이나 홍수와 같은 자연재해 또는 전쟁 등으로 고통을 겪지요. 믿기 어려운 괴이한 이야기가 퍼져 나가고, 나라의 멸망과 새로운 나라의 등장을 암시하는 여러 가지 징조가 나타납니다. 이와 거의 비슷한 일들이 패망한 나라의 마지막 임금 때의 역사로 기록에 남아 있지요. 중국에도 억울한 군주들이 많을 것 같습니다.

박구자 변호사　　참 묘하군요. 왜 패망한 군주는 모두 비슷한 문제가 있고, 백성은 비슷한 고통을 겪는 혼란스러운 모습이 공통적으로 기록되었을까요?

의자왕　　학자들의 연구에 따르면, 중국에는 천명(天命), 즉 하늘의 명령에 의해 나라가 바뀐다는 사상이 옛날부터 있었답니다. 그것을 천명사상이라고 하더군요. 새로운 나라를 세운 사람들은 자신들의 행동이 정당하다고 주장하기 위해 천명을 내세우고, 그것을 역사에 기록으로 남겨 놓는 일을 되풀이해 왔다는 것이지요. 이때 멸망한 나라의 임금은 온갖 나쁜 일만 일삼으며 하늘을 두려워하지 않았기 때문에 결국 하늘이 임금의 자리를 빼앗아 새로운 사람에게 넘겨주었다는 논리입니다.

박구자 변호사　아하! 이제야 비로소 이해가 되는군요. 그러니까 피고 김부식 역시 중국에서 전통적으로 이어져 온 천명사상의 영향을 받았고, 그래서 『삼국사기』의 백제 말기 기록을 부정적으로 묘사했다는 것이지요?

의자왕　네, 맞습니다. 1차 재판 때 이미 피고 김부식이 승자인 신라 중심의 역사관을 지녔다는 사실은 밝혀졌지요? 거기에다가 나에 관한 기록의 마지막에 피고가 써 놓은 논찬을 보면 알겠지만, 그는 유학자로서 중국 중심의 사대주의 사상도 강하게 지니고 있었습니다. 이러한 그가 중국의 역사를 기록하는 데 중요한 영향을 끼친 천명사상의 영향을 받지 않았다면 그게 오히려 더 이상한 일이지요.

이때 박구자 변호사와 의자왕 사이에 오고 가는 어려운 문답 내용을 이해하려 애쓰던 여전이 변호사가 이의를 제기하고 나섰다.

여전이 변호사　이의 있습니다, 판사님. 지금 박구자 변호사와 원고는 이해하기 어려운 이상한 논리로 근거도 없는 주장을 하고 있습니다. 좀 더 구체적인 근거를 가지고 이야기해 주세요.

판사　네, 이의를 인정합니다. 박 변호사와 원고는 구체적인 증거를 제시해 주세요.

의자왕　　그렇다면 여전이 변호사가 믿을 만하다고 지적한 내용 중 하나를 예로 들어 보겠습니다. 『삼국사기』에는 내가 왕의 서자 41명을 좌평으로 삼았다는 기록이 있습니다. 그래서 이를 근거로 나의 자식이 90명 이상이었다고 주장하는 사람도 있지요. 그러나 생각해 보세요. 백제의 최고 관직인 좌평의 자리에 서자 41명을 임명한다는 것이 정신이 이상한 사람이 아닌 다음에야 할 수 없는 일 아닙니까? 더구나 이때는 657년 1월로, 내가 즉위한 지 17년째에 접어드는 해입니다. 좌평에 임명된 서자들의 나이를 최소한으로 낮추어 15~20세로 잡아도 왕으로 즉위하기 전이거나 막 즉위한 해에 출생한 자식들이어야 합니다. 그렇다면 결론은 왕자 시절에 이미 90명 이상의 자식이 있었다는 말이 되지요. 이것만 보아도 『삼국사기』가 얼마나 무책임하게 사실과 다른 기록들을 받아들였는지 알 수 있습니다.

여전이 변호사가 다시 이의를 제기하며 의자왕의 발언을 문제 삼았다.

여전이 변호사　　이의 있습니다. 당사자가 과연 자신의 일을 객관적으로 판단하며 올바르게 이야기할 수 있을까요? 당사자인 원고 말고 당시 상황을 보다 객관적으로 말할 수 있는 제3자의 이야기를 들어 볼 필요가 있다고 생각합니다.

삼충사는 백제의 충신인 성충, 흥수, 계백의 충절을 기리기 위해 세운 사당으로 매년 10월 백제문화제 때 삼충제를 지낸다.

여전이 변호사의 이의 제기에 박구자 변호사도 곧바로 대응하고 나섰다.

박구자 변호사   판사님, 그럼 『삼국사기』에 의자왕의 음주 행위를 말리려다 감옥에 갇혀 죽은 것으로 나오는 성충을 새로운 증인으로 불러 주셨으면 합니다.

판사   좋습니다. 증인 성충은 나와서 선서해 주세요.

성충   나 성충은 진실만을 말할 것을 선서합니다.

박구자 변호사   증인, 『삼국사기』에는 궁녀들과 음탕하게 놀며 끊임없이 술을 마시는 의자왕을 말리려다 증인이 감옥에 갇혀 죽었다고 기록되어 있는데, 그게 사실입니까?

성충   『삼국사기』는 극히 부분적인 일만을 기록해 놓았을 뿐입니다. 아쉽게도 근본적인 문제는 빠뜨린 것 같습니다.

박구자 변호사　극히 부분적인 일은 무엇이고 근본적인 문제는 무엇인가요?

성충　부분적인 일이란 술과 관련된 것이고, 근본적인 문제는 의자왕이 당나라와 외교를 단절한 것을 말합니다.

박구자 변호사　그 두 가지를 좀 더 자세히 설명해 주세요.

성충　의자왕이 술을 좋아한 것은 사실입니다. 그러나 술을 마시며 음탕한 생활을 한 것은 아닙니다. 오히려 술자리를 이용해 적극적으로 나라의 중요한 일을 결정한 경우도 적지 않지요. 내가 감옥에 갇힌 가장 큰 이유는 중국과 외교 관계를 단절한 의자왕의 정책에 정면으로 반대했기 때문입니다. 반대한 이유도 일부 사람들이 오해하는 것처럼 내가 당나라나 신라와 친해서가 아닙니다.

박구자 변호사　그럼 무슨 이유로 의자왕의 정책에 반대했나요?

성충　내가 죽기 전에 의자왕에게 올린 글을 보면 알겠지만, 의자왕의 자주 외교 노선에 화가 난 당나라가 신라와 손을 잡고 군대를 동원해 우리 백제를 공격하면 어쩌나 걱정했기 때문입니다. 오직 백제를 걱정하는 마음이었습니다. 내가 백제의 충신으로 일컬어지는 이유도 여기에 있겠지요. 내 걱정대로 그러한 일이 실제로 벌어지지 않았습니까? 의자왕도 뒤에는 내 말을 듣지 않은 것을 후회했지만 이미 때가 늦었지요.

　한 손으로 턱을 괴고 성충의 증언을 열심히 듣던 여전이 변호사가

판사의 허락을 얻어 증인 신문에 나섰다.

여전이 변호사　증인의 말대로라면 술은 아무 문제 될 것이 없군요.
그러면 『삼국사기』의 기록은 근거도 없이 원고에게 억울한 누명을
씌운 것인가요?

성충　의자왕은 평소 술을 좋아했고, 마침 내가 술자리에서 의자
왕의 외교 정책에 반대하다 감옥에 갇혔기 때문에 『삼국사기』의 기
록과 같은 소문이 만들어져 떠돈 것이 아닐까 생각합니다. 그러나
술을 좋아한다는 것이 곧 일을 소홀히 한다는 것은 아니지요. 송나

조광윤
송나라를 건국한 황제입니다. 중
앙 집권적 관료제를 확립했고,
문치주의 정치를 시행했지요.

라를 건국해 중국 사회를 새롭게 발전시켰다고 평가받는
조광윤 역시 술을 좋아하며, 술자리에서 중요한 국가 정책
을 많이 결정한 인물로 유명합니다. 더욱 중요한 것은 백
제 멸망 당시에 쓰인 의자왕에 대한 기록물에는 술에 대한
얘기가 어디에도 없다는 사실이지요. 의자왕이 죽고 거의 5백 년 뒤
에 편찬된 『삼국사기』에서 처음으로 술을 문제 삼고 있으니, 그것을
어떻게 받아들일지는 여 변호사님이 직접 판단하기 바랍니다.

여전이 변호사　좋습니다. 술 얘기는 이것으로 그치지요. 마지막으
로 묻겠습니다. 증인의 반대에도 끝까지 자기 고집을 내세우다 백제
를 망하게 만든 다음에야 겨우 후회하는 말을 남겼다는 의자왕을 저
는 한 국가의 통치자로서 자격이 없는 한심한 인물이라고 생각합니
다. 증인의 생각은 어떤가요?

성충　나도 그 점을 매우 안타깝고 유감스럽게 생각합니다. 그러
나 모든 면에서 완벽한 인간이 있을까요? 당나라와 외교 관계를 끊
은 것은 의자왕의 치명적인 실수였고 그 책임은 져야 합니다. 그렇
다고 의자왕이 무능하거나 한심한 통치자였다고 생각하지는 않습니
다. 신라와의 싸움과 국내 정치에서는 백제가 그 어느 때보다 뛰어
난 성과를 거두었으니까요.

여전이 변호사　그럼 증인은 『삼국사기』에 기록된 백제 말기의 혼
란스런 상황을 인정하지 않는다는 것인가요?

성충　그렇습니다. 당시 신라의 진덕 여왕이나 김춘추도 백제는
강하다고 인정했습니다. 백제는 신라 혼자서는 백제의 공격을 감당

할 수 없을 만큼 성장했는데, 이는 모두 의자왕의 탁월한 정치적 능력과 끊임없는 노력의 결과라고 할 수 있겠지요. 이렇게 본다면 의자왕은 뛰어난 통치자였다고 평가할 수 있을 것입니다. 덧붙여 말씀드리면, 의자왕이 당나라의 계속된 압력에도 굽히지 않고 나름대로 모색했던 자주 외교 노선은 나의 걱정대로 나당 연합군의 공격을 받아 비록 실패했지만, 그래도 우리의 역사 속에서 그것이 매우 돋보이는 것은 사실 아닌가요?

여전이 변호사   백제인들의 말솜씨는 정말 대단하군요. 증인의 발언을 들으면서 '팔은 안으로 굽는다'는 옛 속담을 실감합니다. 그러나 의자왕이 가만히 있는 이웃 나라 신라를 끊임없이 괴롭힌 말썽 많은 왕이었고, 백제를 망하게 한 군주라는 엄연한 역사적 사실은 바꿀 수 없겠지요. 판사님, 이것으로 증인 신문을 마치겠습니다.

판사   박구자 변호사는 증인에게 더 질문할 것이 있나요?

박구자 변호사   없습니다.

판사   그럼 증인 성충에 대한 신문은 이것으로 마치겠습니다. 증인은 자리로 돌아가도 됩니다.

3

의자왕이 신라를 공격한 진짜 이유는 무엇일까?

판사   의자왕의 진실을 밝히는 게 쉽지만은 않군요. 그러나 지금까지 나온 발언의 내용을 보면 의자왕의 문제가 술에 있었던 것 같지는 않습니다. 내가 보기에 성충과 같은 신하들의 말을 듣지 않고 당나라와의 관계까지 끊으면서 신라를 공격한 의자왕의 고집에 근본적인 문제가 있지 않나 여겨지는군요. 그래서 이제부터는 원고인 의자왕이 왜 신라를 끊임없이 공격했는지 그 이유를 알아보도록 하겠습니다. 원고 측 박구자 변호사, 발언하겠습니까?

박구자 변호사   네, 그러겠습니다. 원고인 의자왕이 단순히 싸움을 좋아하는 싸움꾼이라서 신라를 공격했다고는 생각하지 않으시겠지요. 원고가 이미 밝혔듯이 백제와 신라 사이에는 서로 풀어야 할 오래된 문제가 있었습니다. 바로 그 문제를 풀기 위해 원고는 신라를

왜 의자왕은 백제를 망하게 했을까?

공격했던 것입니다.

판사 그 문제가 얼마나 중요한 것이기에 당나라와의 관계까지 포기하며 신라를 공격한 것인가요?

박구자 변호사 ▶원고의 고조할아버지인 성왕은 신라와 싸우다 붙잡혀 죽었습니다. 그 복수를 위해 백제는 이후 신라를 계속 공격하게 되었지요. 복수가 뜻대로 이루어지지 않고 원고인 의자왕 대에까지 내려왔기 때문에, 원고 역시 즉위하면서 곧바로 신라를 공격한 것입니다. 판사님, 원고에게 사실 관계를 확인하고 싶은데 허락해 주십시오.

판사 허락합니다. 원고는 이 내용에 대한 본인의 생각을 말씀해 주시지요.

의자왕 성왕의 원수를 갚으려 했다는 말도 맞습니다만, 최종적인 목적은 신라에게 빼앗긴 영토를 되찾아 백제의 옛 위상을 회복하는 것이었습니다.

판사 원고가 오늘 분명하게 말해 주어야 할 내용은 신하의 반대나 중국의 간섭까지 뿌리치면서 신라에 대한 공격을 고집해야 할 필요가 있었는가 하는 문제입니다.

의자왕 내가 그러한 행동을 하기까지는 용맹스럽고 담이 크며 결단력이 있는 나의 성격도 작용했겠지요. 그리고 내가 왕으로 있을 때의 백제는 이미 옛날의 백제가 아니었습니다. 국력을 충분히 회복해 자신감이 충만한 상태였지요. 사실 우리 백제는 성왕의 바로 뒤를 이어 즉위한 위덕

▶ 고구려와 백제는 한강 유역을 차지한 신라를 협공하여 고립시켰습니다. 고구려는 잃어버린 한강 유역을 되찾기 위해, 백제는 전사한 성왕의 원수를 갚기 위해 신라를 공격했지요.

왕 때부터 신라를 공격했습니다. 그러나 그때는 패배만 맛보았지요.
그 후 나의 아버지 무왕 때에 이르러서는 신라와의 전쟁에서 승패가
거의 비슷할 정도로 우리 백제도 상당히 성장했습니다. 다만 중국과
의 관계를 중요하게 여긴 무왕은 당태종의 말에 따라 신라에 대한
공격을 많이 참았습니다. 속으로는 언제든지 신라를 공격할 준비가
되어 있었지만요. 이러한 가운데 내가 왕으로 즉위했고, 당, 고구려,
왜와 가깝게 지내려고 노력했습니다. 그러나 신라를 공격하는 것을
그 무엇보다 우선으로 생각했습니다.

판사   그러니까 그 이야기를 해 보라는 겁니다. 아버지 무왕은 중
국과의 관계를 중시해 신라에 대한 공격도 포기했는데, 왜 원고는

왜 의자왕은 백제를 망하게 했을까?

거꾸로 신라를 공격하기 위해 중국과의 관계를 포기했느냐는 것입니다. ㄱ 이유가 무엇입니까?

의자왕　내가 아닌 다른 누군가가 왕이 되었어도 나와 똑같이 했을 겁니다. 우리 백제는 성왕의 죽음에 복수하고 빼앗긴 땅을 되찾기 위해 그동안 노력했지만 별로 얻은 게 없었습니다. 한강 유역을 신라에게 넘겨준 백제의 영토는 초라하기 그지없었습니다. 그런데 이제 그 문제를 해결할 수 있는 가능성이 눈앞에 다가왔습니다. 그동안의 노력으로 백제의 힘이 신라를 압도할 정도로 강해진 것이지요. 복수도 가능해졌고, 빼앗긴 영토도 찾을 수 있게 된 상황에서 그것을 실천에 옮기지 않을 왕이 어디에 있겠습니까? 당나라와의 관계보다 신라에 대한 공격이 백제에게 더 큰 이익이라는 현실적인 판단에서 신라에 대한 공격을 다른 무엇보다도 우선했던 것입니다.

의자왕의 발언을 들으며 계속 못마땅한 표정을 짓고 있던 여전이 변호사가 의자왕의 말이 끝나자마자 곧바로 발언권을 얻어 원고에게 질문을 시작했다.

여전이 변호사　▶원고, 성왕이 죽은 지 얼마나 되었지요? 554년에 죽었으니까 원고가 즉위한 641년까지 이미 87년이란 세월이 흘렀군요. 까마득한 옛날 고조할아버지 때의 일을 가지고 복수를 다짐하며 신라를 공격한다면, 신라인들 마음은 어떨까요? 그것을 좋게 받아들일 사람이 한 명

교과서에는

▶ 성왕은 신라와 연합하여 한강 유역을 차지했습니다. 하지만 곧 신라에게 한강 유역을 다시 빼앗겼고, 자신도 신라를 공격하다가 관산성에서 전사하고 말았지요.

이라도 있을까요? 까마득한 후손더러 고조할아버지가 지은 죄에 대한 벌을 받으라는 것과 같은데, 이게 법적으로 가능한 일인가요? 원고의 주장이 너무 억지스럽다고 생각하지 않나요?

여전이 변호사의 공격적인 발언으로 의자왕이 궁지에 몰리는 듯하자 박구자 변호사가 바로 이의를 제기하며 반격했다.

박구자 변호사   이의 있습니다. 여 변호사야말로 지금 억지 논리를 펴고 있습니다. 우리가 다루는 법을 가지고 국가 간의 문제를 심판할 수 있나요? 그럴 수만 있다면 백제는 이미 법을 통해 신라와 문제를 해결했겠지요. 국가 간의 문제는 과거의 일이 해결되지 않고서는 쉽게 풀릴 수가 없습니다. 의자왕이 신라를 공격한 것은 바로 과거의 일을 해결하기 위한 것이었지요. 여 변호사가 좀 더 합리적인 방법으로 원고에게 질문하도록 주의시켜 주십시오.

판사   이의를 인정합니다. 여 변호사는 좀 더 합리적인 질문을 해 주세요.

여전이 변호사   알겠습니다……. 원고 의자왕의 주장이 너무 억지스럽게 느껴져 제가 잠시 흥분했나 봅니다. 주의하도록 하겠습니다. 그럼 먼저 피고에게 몇 가지 사실을 확인한 뒤 원고에게 계속 질문하겠습니다.

판사   허락합니다.

여전이 변호사   피고에게 묻겠습니다. 이미 증인으로 나왔던 김춘추가 밝혔듯이 백제의 공격 때문에 김춘추는 개인적으로 딸과 사위를 잃는 엄청난 충격과 피눈물 나는 슬픔을 겪었지요?

김부식　　그렇습니다.

여전이 변호사　　김춘추뿐만 아니라 많은 신라 사람이 백제의 공격으로 가족을 잃었겠지요. 그렇다면 의자왕이 신라를 공격할 때 모든 백제인은 이를 찬성하며 승리를 확신했나요? 당나라와의 문제로 의자왕에게 반대했다는 성충 외에 신라와의 문제 때문에 의자왕에게 반대한 사람은 없었나요?

김부식　　직접 반대했다고 보기는 어렵지만, 비슷한 자료가 있어서 『삼국사기』 김유신 열전에 소개해 놓았습니다. 간단히 말씀드리면, 백제의 임금과 신하들이 사치와 음탕한 생활에 빠져 나랏일을 돌보지 않았기 때문에 백성이 이를 원망하고 신령이 화를 내 재해와 괴이한 일이 빈번하게 나타났다는 것입니다. 의자왕 본기의 내용처럼 백제 말기의 혼란한 상황을 지적하는 내용이지요. 그리고 백제의 좌평으로 있던 임자라는 사람이 김유신과 내통해 백제가 먼저 망하건 신라가 먼저 망하건 서로 의지하며 돕기로 약속했다는 내용도 나옵니다. 이는 좌평이라는 높은 자리에 있던 임자 같은 인물도 백제가 망할 수 있다는 생각을 하며 그것에 대비했다는 것을 의미하지요.

여전이 변호사　　자, 그러면 원고에게 묻겠습니다. 원고는 술과 관련된 좋지 않은 소문은 근거가 없다고 부정하지만, 그것은 본인 생각이지요. 백성이 원망하고 신령이 화를 냈다는 김유신 열전의 내용과 같이, 보는 관점에 따라 다른 사람들은 얼마든지 원고를 좋지 않게

볼 수도 있는 것입니다. 원고는 고조할아버지의 복수를 하고 잃어버린 땅을 찾기 위해 신라를 공격했다고 하지만, 원고의 공격으로 억울한 피해를 당한 신라인들이 있습니다. 그들은 누구에게 하소연해야 할까요?

의자왕   여 변호사는 나에게 천명사상으로 인한 비애를 또 한 번 느끼게 해주는군요. 다시 말하지만, 내가 사치와 음탕한 생활을 했다거나 백제에 재해나 괴변이 일어났다는 이야기들은 천명사상에 의해 조작된 것으로 사실이 아닙니다. 그러한 유언비어에 빠져 진실을 놓쳐서는 안 된다고 봅니다. 김춘추가 겪은 슬픔은 나도 유감스럽게 여기고 있습니다. 그러나 전쟁에 따른 피해는 백제나 신라의 구분 없이 누구에게나, 그리고 언제나 있을 수 있는 것이지요. 김춘추의 충격과 슬픔은 당시 백제나 신라 사람들 모두가 떠안을 수밖에 없는 운명과 같은 것이었다고 생각합니다.

여전이 변호사   원고는 신라를 이길 수 있다고 자신했지만, 신라도 가만히 앉아서 당하기만 할 리가 없지요. 임자와 같이 백제가 패배할 가능성을 생각하는 백제인도 있었습니다. 또 당나라 군대의 개입을 걱정하는 목소리도 있었지만, 원고는 그것을 완전히 무시한 채 귀를 기울이지 않았습니다. 그러다 결국 백제를 멸망시킨 뒤에야 후회했지요. 이러한 모든 내용이 원고의 판단력에 심각한 문제가 있었다는 것을 증명해 준다고 생각하지는 않나요?

의자왕   그 점에 대해서는 나도 책임을 통감하고 있습니

교과서에는

▶ 신라는 당나라와 연합하여 먼저 백제를 공격했습니다. 백제는 당시 지배층의 향락으로 정치 질서가 문란했고, 결국 660년에 멸망했습니다.

다. ▶백제는 당나라와 평소 원수진 것이 없었지요. 그래서 외교 관계
를 끊었다는 이유로 당나라가 그 먼 바다를 건너서까지 백제를 공격
하리라고는 사실 생각하지 못했습니다. 그러나 당나라는 백제를 공
격했고 백제는 정복당했지요. 모두 내가 잘못 판단한 탓입니다. 당
나라를 원망하기에 앞서 나의 무능함을 탓해도 할 말이 없죠. 인정
합니다.

여전이 변호사　　원고는 자신에게 문제가 있었다는 사실을 인정하
는 겁니까?

의자왕　　그 질문에 답하기 전에 나도 묻고 싶습니다. 모든 면에서

완벽한 인간이 과연 존재할까요? 모든 국민으로부터 백 퍼센트 지지를 받는 통치자가 있을 수 있나요? 나의 경우도 마찬가지라고 보시면 됩니다. 모든 백제인이 백 퍼센트 나를 믿고 따라 준 것은 아니지요. 나를 반대하던 백성도 물론 있었습니다.

그러나 한 가지는 분명히 말씀드릴 수 있습니다. 나는 통치자로서 최선을 다했고, 그 결과 백제는 이전과 비교할 수 없을 정도로 발전했으며, 이를 발판으로 신라를 성공적으로 공격할 수 있었다는 것입니다. 이 점은 지금도 자랑스럽게 생각합니다. 당나라가 우리 백제를 공격하기 위해 13만이라는 엄청난 대군을 동원했다는 사실 자체가 곧 당시 백제의 국력이 당나라도 쉽게 생각하지 못할 만큼 강했다는 것을 대변하는 증거가 아닐까요?

판사 예. 오늘 재판에 참여한 두 분 변호사와 원고, 피고 모두의 발언 잘 들었습니다. 벌써 폐정 시간이 지나갔군요. 오늘은 이것으로 재판을 마쳐야 할 것 같습니다. 다음 주 이 시간에 남은 문제를 계속 살펴보기로 하지요. 이상 두 번째 재판을 마칩니다.

땅, 땅, 땅!

다알지 기자

의자왕과 김부식의 두 번째 재판이 방금 끝났습니다. 오늘도 한국사법정은 이번 소송을 보기 위해 몰려든 방청객들로 인산인해를 이루었는데요. 오늘 재판에서는 의자왕 당시의 국제 정세가 어떠했는지, 의자왕이 왜 신라를 끊임없이 공격했는지, 그리고 그가 정말 정치를 제대로 못 했는지에 대해 양측의 치열한 논쟁이 펼쳐졌습니다. 피고 측 증인으로 나온 김춘추는 자기 나라의 이익에 따라 얼마든지 행동을 바꿀 수 있었던 당시의 국제 정세를 자세히 설명해 주었지요. 또한 『삼국사기』에 기록된 백제 말기의 믿을 수 없는 기록을 두고 당시의 혼란한 상황을 반영한 것이라는 피고 측의 주장과 피고가 천명사상의 영향을 받은 것이라는 원고 측의 주장이 대립했지요. 의자왕이 신라를 공격한 일에 대해서도 백제의 옛 위상을 회복하기 위한 당연한 시도였다는 원고 측의 주장과 백제인조차 신라를 공격하는 데 찬성하지 않았다는 피고 측의 주장이 엇갈렸습니다. 그럼 오늘은 양측 변호사를 만나 이야기를 나누겠습니다.

박구자 변호사

재판을 시작할 때는 젊고 패기 넘치는 여전 이 변호사와 대결할 생각에 조금 긴장되기도 했 었는데, 재판을 하면 할수록 원고의 승리를 확신하게 됩니다. 『삼국사기』 기록에 현실적으로 불가능한 일들이 쓰여 있는 것만 보아도 이 책에 문제가 있음을 알 수 있지요. 그런 기록들은 중국에서 유행하던 천명사상을 반영한 것입니다. 하늘의 명에 의해 나라가 바뀐다는 생각으로 멸망한 나라의 마지막 왕을 무조건 나쁘게 기록한 것이지요. 그리고 의자왕 때의 백제는 과거의 힘을 회복하여 옛 위상을 되찾을 수 있을 만큼 강한 나라였습니다. 그러니 당나라와 외교 관계를 유지하는 것보다 신라를 공격하는 것이 더 큰 이익이라는 판단이 들면 그것을 행동으로 옮길 수도 있는 것이지요.

왜 의자왕은 백제를 망하게 했을까?

여전이 변호사

　이번 재판은 처음부터 피고 측에게 불리한
상황에서 시작되었습니다. 공격당하는 자가 공
격하는 자보다 불리할 수밖에 없지요. 이번 재판의
승부는『삼국사기』의 기록을 어떻게 받아들이는가에 따라 달라지리
라고 봅니다. 저는 피고인 김부식 대감의 역사가로서의 자질을 믿습니
다. 그는 비록 비현실적이라 해도 백제 말기의 혼란한 내용을 역사가
의 의무로 기록한 것입니다. 그리고 원고는 백제의 옛 영광을 회복하
고자 신라를 공격했다고 주장하지만, 백제인 중에도 원고가 신라를 공
격하는 것을 반대했던 사람이 있었습니다. 좌평이라는 높은 직책에 있
던 임자라는 사람이 바로 그 예이지요. 변론에 어려운 점이 많기는 하
지만『삼국사기』의 내용을 존중해야 한다는 생각을 배심원들이 이해
해 준다면 희망은 있습니다.

백제 시대의 유물은
어떤 것이 있을까요?

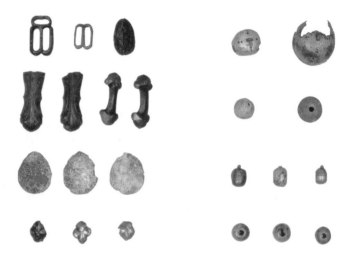

금동제 장식구

금동으로 만들어진 장식구들입니다. 장식구란 '치장하거나 매만져 꾸미기 위한 소품'으로 그 모양이 다양합니다. 특히 사진 속 가장 윗줄의 가운데에 있는 장식구는 윗부분은 곡면을 이루고 중앙에는 2개의 구멍이 뚫려 있습니다. 또한 내부는 비어 있는 것이 특징이지요.

금동여래입상

금동여래입상(金銅如來立像)이란 금동으로 만든 '여래'의 서 있는 모습을 한 불상이라는 뜻입니다. 여기서 '여래'란 열반에 다다른 사람이라는 뜻으로 부처를 달리 이르는 말입니다. 즉 다시 말해 금동으로 만든 부처님의 서 있는 모습의 상이 바로 금동여래입상입니다. 금동으로 만든 이 불상은 미륵사지에서 출토된 것으로 부식이 심해서 정확한 형태는 알 수 없으나 2.6cm 크기의 작은 것이 특징입니다.

나무신발

우리 조상들은 짚, 가죽, 나무 등 여러 가지 재료로 신발을 만들어 신었습니다. 사진 속의 유물은 나무로 만들어진 신발인데, 참나무로 만들어진 나막신으로 볼 수 있습니다. 하나의 나무를 이용하여 바닥의 앞뒤에 굽을 만들었으며 모양은 직사각형을 띠고 있는 것이 특징입니다. 앞쪽은 8cm, 뒤쪽은 9.7cm로 그 넓이가 약간 다르고, 발이 닿는 윗부분은 매끈하게 다듬어진 반면 바닥 부분은 비교적 거칠게 다듬어져 있습니다.

토기시루

토기시루는 흙으로 만들어진 시루를 말합니다. 떡이나 쌀 등을 찔 때 쓰는 한국 고유의 찜기를 시루라고 하는데, 우리나라에서 시루를 처음 쓰기 시작한 것은 청동기시대나 초기 철기시대일 것으로 추정하고 있습니다. 바닥에 구멍이 여러 개 뚫려 있어 물솥에 올려놓고 불을 때면 뜨거운 수증기가 시루 안의 음식을 익혀 주는 방식으로 조리를 합니다. 사진 속의 시루는 전체적인 형태가 화분에 가까운 것이 특징입니다. 부분적으로 흑회색과 회백색을 같이 띠고 있습니다.

토기대호

높이가 50cm 이상 되는 큰항아리를 대호라고 합니다. 따라서 '토기대호'란 흙으로 만들어진 큰항아리를 가리키지요. 특히 여기서는 6세기에서 7세기경에 제작된 것으로 추정되는 백제의 토기를 말합니다. 토기 중에는 전체적으로 문양이 덮여 있는 것도 있습니다. 사진 속의 토기는 부드러운 흙으로 만들어진 회색의 항아리입니다.

녹유연목와

지붕을 만드는 데 사용된 이 유물의 이름은 '녹유연목와'입니다. 구리를 넣어 녹색을 내게 하는 유약을 바른 도자기 제품을 '녹유'라고하고 7개의 잎으로 된 연화 무늬를 '연목와'라고 하지요. 이 유물은 점토로 만들어졌으며 발라진 유약의 두께에 따라 약간씩 다른 색을 띠고 있는 것이 특징입니다. 뒷면에는 유약이 발라져 있지 않고, 가운데 뚫린 구멍은 못 구멍으로 보입니다. 지붕 서까래 끝에 부착시켰던 기와입니다. 여기서 서까래는 지붕판을 만들고 추녀를 구성하는 가늘고 긴 각재를 말하고, 기와는 지붕을 덮는 데 쓰는 건축 재료의 하나를 뜻합니다.

출처: 미륵사지유물전시관 http://www.mireuksaji.org

백제가 멸망한 것은 의자왕 탓일까?

1. 의자왕 말기의 백제는 무기력했을까?
2. 왜 당나라는 신라와 함께 백제를 공격했을까?

교과연계

한국사
I. 우리 역사의 형성과 고대 국가
  3. 고대 국가의 성립과 발전

의자왕 말기의 백제는
무기력했을까?

세 번째 재판이 열리는 날, 마지막 재판에 대한 호기심과 소문을 듣고 몰려온 사람들로 한국사법정 안팎은 사람들로 물결을 이루고 있었다.

"웬 사람들이 이렇게 많지?"

"그러게나 말이야. 오늘은 법정 안으로 들어가지도 못하겠는데……"

"의자왕이 억울함을 벗을지, 김부식 대감의 『삼국사기』가 누명에서 벗어날지 판가름이 나는 날이니, 늦게 온 우리가 잘못이지!"

법정 밖의 소란스러움과 달리 법정 안은 이미 숙연한 분위기 속에서 재판이 시작되었다.

판사 오늘로 원고 의자왕의 진실을 조사하는 일이 마무리되었으면 합니다. 그동안『삼국사기』의 성격과 삼국 시내의 국세 정세, 원고 의자왕의 실제 정치 모습 등 여러 가지를 검토해 보았지요? 의자왕에 대한 객관적인 평가를 위해서는 마지막으로 백제 내부 문제와 외부 문제를 전체적으로 살펴볼 필요가 있을 것 같습니다. 내부 문제는 '나당 연합군의 공격 앞에서 백제인들이 보여 준 행동이 어떠했나' 하는 것이고, 외부 문제는 '당나라가 바다를 건너 백제를 공격한 진짜 이유가 무엇이었나' 하는 것입니다. 먼저, 내부 문제를 검토한 다음 외부 문제를 조사하겠습니다. 여전이 변호사부터 발언하세요.

여전이 변호사 네, 외람되지만 저는 이 문제를 검토할 필요가 있을지 사실 의문이 듭니다.

판사 어허! 여 변호사. 신성한 법정에서 판사로서의 내 판단력을 의심하는 건가요? 아니면 내 권위에 도전하는 것입니까? 어찌 그런 말을 하는 거죠?

여전이 변호사 제가 어찌 판사님의 판단과 권위에 도전하겠습니까? 저는 단지 답이 이미 나와 있다는 의미에서 한 말입니다.『삼국사기』를 보면 분명히 알 수 있습니다.

판사 그래요?『삼국사기』에 나오는 내용을 설명해 주겠습니까?

여전이 변호사 네, 나당 연합군의 공격을 받고 백제 조정에서는 긴급회의를 했지만, 신하들 사이에 의견이 엇갈려 우왕좌왕하는 사이 적군이 코앞까지 몰려왔습니다. 그러자 의자왕은 바로 지금의 공주인 웅진성으로 도망갔으며, 사비 도성에 남아 있던 백제인들은 곧

성을 빼앗겼지요. 5일 뒤에는 의자왕도 무책임하게 항복했다고 합니다. 계백 장군 같은 신하도 전쟁터에서 백제를 위해 목숨을 바쳤는데, 한 나라의 왕이 신하만도 못한 행동을 보여 주었습니다. 물론 계백 장군도 전쟁터에 나가기 전에 처자식을 모두 죽였다는 내용이 보입니다. 이처럼 『삼국사기』에는 백제 전체가 이미 혼란에 빠진 채 패배 의식에 사로잡혀 있었다는 사실이 그대로 드러나 있습니다. 한마디로 당시 백제는 상당히 무기력했다는 것이지요.

판사　의자왕의 정치에 심각한 문제가 있었다는 얘기인데……, 그럼 피고에게 묻겠습니다. 여 변호사의 지적이 모두 사실인가요?

김부식　사실입니다. 그러한 내용은 내 마음대로 쓴 것이 아니라 『삼국사기』 편찬자들이 수집한 자료에 나와 있는 내용을 그대로 소개한 것입니다.

판사　그렇군요. 그럼 사실 관계를 좀 더 분명하게 확인하기 위해 이번에는 원고에게 묻겠습니다. 원고는 피고 측이 제시한 『삼국사기』의 내용을 모두 인정합니까?

의자왕　『삼국사기』의 내용은 그런대로 받아들일 수 있습니다. 그러나 여전이 변호사의 발언은 찬성할 수가 없군요.

판사　두 가지가 같은 것 아닌가요? 왜 구분해서 말하는 거죠?

의자왕　18만 명에 달하는 나당 연합군의 공격 앞에서 백제는 어른과 어린아이의 싸움처럼 순식간에 무너졌고, 나 역시 항복할 수밖에 없었습니다. 『삼국사기』가 이 내용을 지적한 것이라면 인정해야지요. 그러나 어른에게 졌다 하여 어린아이를 무능하다고 욕한다면

그것은 욕하는 사람이 잘못 아닌가요? 여전이 변호사의 발언이 바로 그와 같습니다. 비록 우리 백제가 정복당하기는 했지만, 마지막까지 최선을 다했다는 점에서 나는 부끄럽지 않습니다.

의자왕의 발언을 듣고 무척 화가 난 여전이 변호사가 판사의 허락을 받아 의자왕에게 보충 설명을 요구했다.

여전이 변호사　원고는 나를 상황 파악도 못 하는 변호사로 몰아붙이며 이상한 논리로 위기를 벗어나려 하는군요? 그렇게 떳떳하다면 분명한 증거를 보여 주세요.

의자왕　사실 『삼국사기』 안에서도 얼마든지 증거를 찾을 수 있지요. 백제 조정이 긴급회의를 한 것도 우리 백제 쪽에서 보면 위기를 돌파하기 위해 최선을 다하는 모습이라고 얘기할 수 있습니다. 군사적으로도 **기별포**와 황산벌, 도성 주변 등에 군대를 배치해 방어하려고 애쓴 모습이 의자왕 본기에 기록되어 있지 않나요? 그뿐이 아니지요. 신라의 태종 무열왕 본기에는 백제의 왕자나 좌평 등이 소정방에게 사람을 보내 음식을 바치거나 사죄하며 물러가 줄 것을 애걸했다는 기록도 보입니다. 군사적인 대응만이 아니라 당나라에 사과와 호소로 접근하는 등 동원할 수 있는 모든 방법으로 최선을 다하는 백제의 모습이 느껴지지 않나요?

여전이 변호사　원고의 주장은 할 말을 잃게 만듭니다. 귀에 걸면

귀걸이 코에 걸면 코걸이라는 설명과 똑같군요. 그렇다면 처자식까지 죽이고 **목숨**을 바쳐 나라를 구하려던 계백 장군과 달리 도성을 버리고 도망갔다가 어이없이 항복한 원고의 행동은 어떤 해괴한 논리로 변명하시렵니까?

의자왕을 몰아붙이는 여전이 변호사의 태도를 지켜보던 박구자 변호사가 이의를 제기하며 새로운 증인을 요청하고 나섰다.

박구자 변호사   판사님, 이의 있습니다. 여 변호사는 원고의 말에 관심조차 두지 않으면서 자신의 주장만 밀어붙이고 있습니다. 경고를 받아 마땅합니다. 저는 당사자인 원고보다 당시 상황을 좀 더 객관적인 시각에서 말해 줄 수 있는 증인으로 여 변호사가 방금 이야기한 계백 장군을 신문하고자 합니다.

판사   피고 측 변호사가 원고에게 어느 정도 공격적인 발언을 하는 것은 인정되므로, 이의 제기는 기각합니다. 다만 새로운 증인의 증언을 들어 보는 것은 적절하다고 여겨집니다. 계백 장군은 나와서 증인 선서 하세요.

계백 장군   나 계백은 이 자리에서 진실만을 말할 것을 선서합니다.

박구자 변호사   증인, 방금 여전이 변호사도 말했듯이 황산벌에서 목숨을 바쳐 끝까지 싸운 증인과 달리 원고인 의자왕은 도망가고 항복해서 자신의 목숨을 보존했습니다. 배신감을 느끼시나요?

계백 장군   나는 의자왕의 그러한 선택을 존중합니다. 백제 입장

충남 부여에 있는 계백 장군의 동상

에서는 긴급한 상황에서 작전상 후퇴한 것으로 보는 편이 맞겠지요.
항복한 것도 무책임하다기보다는 자기희생적인 판단의 결과로 보아
야 할 것입니다. 이미 사비 도성까지 점령당하고 힘의 한계를 절실
히 느낀 상황에서 백성의 피해를 최소한으로 줄이는 방법은 국왕인
자신이 항복하는 길밖에 없다고 판단하지 않았을까요?

박구자 변호사　　그럼 원고에게 묻겠습니다. 증인의 증언 내용에 동
의하시나요?

의자왕　　동의합니다. 진실은 외롭지 않다는 말이 역시 맞네요.

　　계백 장군과 의자왕의 진술 내용을 들으며 당황한 여전이 변호사
가 급히 발언권을 얻어 증인 신문에 들어갔다.

　　왜 의자왕은 백제를 망하게 했을까?

여전이 변호사　　역시 백제를 향한 애정과 백제인들의 단결을 실감하게 되는군요. 그러나 선생터로 떠나기에 앞서 증인이 처자식을 죽인 것은 당시의 백제가 그만큼 무기력했고 패배 의식에 빠져 있었다는 분명한 증거가 아닌가요?

계백 장군　　원고인 의자왕처럼 나도 『삼국사기』 때문에 많은 오해를 받고 있는 피해자입니다. 당시 백제가 위급한 상황이기는 했지만, 백제인들은 그 위기를 벗어나기 위해 최선을 다하고 있었지요. 『삼국사기』에도 마지막까지 승리를 다짐하는 내 모습이 간단하게나마 묘사되어 있을 겁니다. 나는 결코 무기력한 패배 의식에 빠져 있지 않았습니다. 내가 왜 처자식을 미리 죽이겠습니까? 『삼국사기』에 어떻게 그런 내용이 기록되었는지는 잘 모르겠습니다만, 앞서 증인으로 나왔던 성충의 말처럼 우리 백제인은 그렇게 잔인하지 않습니다. 내가 신라의 화랑 **관창**을 살려 보냈던 사실을 모두 기억해 보시길 바랍니다. 『삼국사기』에 나온 모든 기록을 있는 그대로 믿으려는 태도 때문에 나 역시 지금까지도 억울한 누명을 벗지 못하고 있는 겁니다.

여전이 변호사　　정말 할 말이 없군요. 존경하는 판사님, 그리고 배심원 여러분, 엄연한 역사 기록이 존재함에도 원고 측에서는 한결같이 그것을 부정하며 자신들에게 유리한 주장만을 내세우고 있습니다. 억지에 가까운 이러한 행동을 용납해서는 안 될 것입니다. 사회 정의를 바르게 세운다는 의미에서라도 판사님과 배심원 여러분의 현명한 판단을 부탁드리며, 증인 신문을 마치도록 하겠습니다.

관창
관창은 신라의 화랑입니다. 황산벌에서 백제를 공격할 때 백제의 포로가 되었는데, 계백은 관창을 죽이지 않고 돌려보냈어요. 그러나 곧 다시 포로가 되어 결국 죽고 맙니다. 관창의 죽음을 본 신라의 군대는 관창의 용기에 감명을 받고 백제군에 대항해 크게 승리하지요.

판사 박구자 변호사는 할 말 없습니까?

박구자 변호사 한 가지만 말씀드리겠습니다. 의자왕 말기의 백제가 결코 무기력하지 않았다는 것은 증인들의 증언만이 아니라 의자왕이 항복한 뒤 백제 곳곳에서 점령군을 압도할 정도의 거센 백제 부흥 운동이 곧바로 일어났다는 사실에서도 엿볼 수 있습니다. 무기력한 것과는 정반대의 모습 아닌가요? 이 사실 한 가지를 더 기억해 주셨으면 합니다.

판사 그럼, 증인 계백 장군에 대한 신문을 마치겠습니다. 증인은 자리로 돌아가도 좋습니다.

왜 의자왕은 백제를 망하게 했을까?

왜 당나라는 신라와 함께 백제를 공격했을까?

2

판사 의자왕 말기의 백제 내부 사정에 대해서는 이 정도로 끝내지요. 이제부터는 외부 문제로 당나라가 왜 백제를 정벌했는가를 살펴보기로 하겠습니다. 먼저 박구자 변호사부터 말씀해 주세요.

박구자 변호사 네, 우선 피고에게 묻겠습니다. 피고는 『삼국사기』 의자왕 본기의 논찬에서 백제가 말기에 이르러서는 도리에 어긋남이 많았다는 것과 신라에 대한 침략을 그치지 않는 등 이웃 나라와 사이좋게 지내는 것을 나라의 보배로 삼지 않았다는 것, 그리고 큰 나라인 당의 말을 듣지 않았다는 것을 들어 백제의 멸망이 당연하다고 지적했습니다. 지금도 같은 생각인가요?

김부식 물론입니다. 의자왕이 당나라 황제의 경고를 무시하며 계속 신라를 침략했기 때문에, 백제는 당나라 소정방 군대의 공격을 받은 것이지요. 지금도 나는 같은 생각을 하고 있습니다.

박구자 변호사　피고는 결과만 보고 그 원인은 생각하지 않는군요. 원고가 왜 그러한 행동을 했는지 궁금하지도 않았나요? 그것이 역사가로서 올바른 태도인가요?

김부식　어쨌든 나는 내가 가지고 있던 자료의 내용을 충실히 반영하여 그러한 논찬을 썼습니다. 나의 평가가 잘못되었다는 생각은 하지 않습니다.

박구자 변호사　대단한 자신감이군요. 그러면 원고에게 묻겠습니다. 피고의 주장을 인정하나요?

의자왕　모든 책임을 패자의 탓으로 돌리는 피고의 논리는 받아들일 수가 없습니다.

박구자 변호사　그럼 왜 당나라가 백제를 공격했다고 보시나요?

의자왕　당나라와 신라의 이해관계가 맞아떨어진 것이지요. 고구려 문제로 고민하던 당나라와 백제 때문에 어려움을 겪던 신라가 서로의 필요성을 느낀 겁니다. 백제는 고구려와 손잡고 신라를 공격하며 당나라의 이익과 반대되는 행동을 하고 있었으니, 당나라의 공격 대상이 될 수밖에요.

　박구자 변호사와 의자왕의 발언이 『삼국사기』의 내용을 뒤집는 쪽으로 흐르자 여전이 변호사가 이의를 제기했다.

여전이 변호사　이의 있습니다. 원고 측은 『삼국사기』의 편찬 책임

자인 피고의 분명한 설명에도 불구하고 또 교묘한 논리로 자신들의 잘못에 따른 책임을 벗어나려 하고 있습니다. 이런 억지스러움에는 이제 지쳤습니다. 새로운 증인을 불러 보다 객관적인 설명을 듣고 싶습니다.

판사　좋습니다. 증인 신청을 받아들이지요. 원고 측에서는 좀 더 객관적인 시각을 가지고 당시의 상황을 설명할 증인이 있나요?

박구자 변호사　네, 물론입니다. 당시 백제를 공격하라는 명령을 직접 내린 당나라 황제 고종을 증인으로 신청하였으니 지금 불러 주시기 바랍니다.

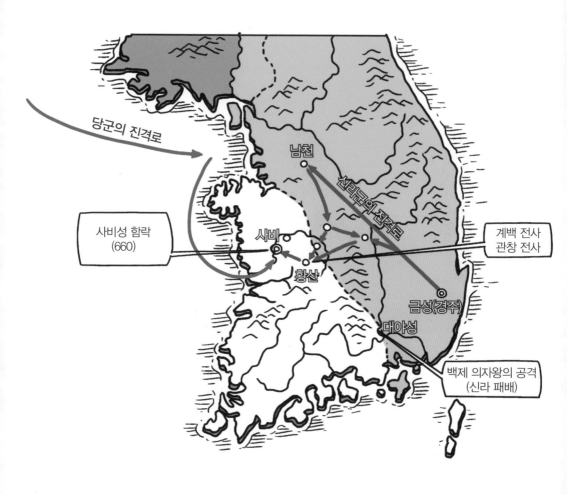

판사　　허락합니다. 증인은 나와서 선서해 주십시오.

당고종　　나는 이 자리에서 진실만을 말할 것을 선서합니다.

박구자 변호사　　증인에게 묻겠습니다. 증인은 당나라 장군 소정방에게 13만 명의 군대를 거느리고 백제를 공격하도록 했는데, 동원한 인원수나 바다를 건너야 하는 어려움으로 볼 때 쉽지 않은 결정이

　　왜 의자왕은 백제를 망하게 했을까?

었으리라고 봅니다. 그런데 왜 그런 명령을 내리게 되었는 지요?

당고종 오늘 원고로 나온 의자왕이 나와 내 아버지인 당태종의 말을 무시하며 신라를 공격하다가 급기야는 우리와 외교 관계까지 끊은 것이 중요한 이유였다고 말할 수 있습니다. 한마디로 말해 의자왕이 국제적인 문제아였기 때문이지요. 고구려를 공격하기 위해 먼저 백제를 공격했다거나, 백제의 공격을 받던 신라의 요청을 받아들여 백제를 공격했다는 해석도 틀리지는 않지만, 근본적인 이유는 원고인 의자왕에게 있었습니다.

박구자 변호사 믿기 어렵군요. 사람들은 증인이 고구려, 백제, 신라의 영토, 즉 한반도를 식민지로 만들려는 욕심에 백제를 공격했다고 여깁니다.

당고종 말도 안 됩니다. 당나라는 땅이 넓고 물자도 풍부하며 사람 역시 많은 나라입니다. 그런 쪽으로는 욕심이 없었을 뿐 아니라, 당시에는 식민지가 무엇인지도 몰랐습니다. 다만, 전 세계가 우리를 중심으로 하는 평화로운 질서 속에서 지내기를 바랐죠. 이것을 **조공과 책봉** 관계라고 부릅니다. 그런데 의자왕은 이러한 조공과 책봉 관계를 깨뜨려 국제 사회에서 황제의 권위를 추락시켰으니, 그냥 둘 수는 없었습니다.

박구자 변호사 그럼 원고인 의자왕에 대한 증인의 생각을 솔직하게 말씀해 주실 수 있나요? 의자왕은 증인의 말대로 국제적인 문제

조공과 책봉
조공이란 주변 국가늘이 숭국 황제에게 자기 나라의 특산물 등을 바치는 것이고, 책봉이란 중국 황제가 주변 국가의 지배자들에게 하사품과 함께 그들에게 어울리는 벼슬을 주어 통치자로서의 자격을 인정해 주는 것입니다.

해동증자
증자는 중국 춘추 시대의 유학
자입니다. 공자의 제자로, 효심
이 깊은 사람이었다고 합니다.
해동은 예전에 우리나라를 이르
던 말로, 효심이 깊은 의자왕을
해동증자라고 불렀습니다.

아일 뿐인가요?

당고종　　당나라나 신라 입장에서는 의자왕이 국제적인 문제아지요. 하지만 의자왕은 백제에서는 오히려 존경받을 만한 인물이었다고 생각합니다.

박구자 변호사　　좀 더 자세하게 말해 주었으면 좋겠는데요.

당고종　　의자왕은 중국에서도 해동증자라 일컬어질 만큼 효성과 우애가 깊었어요. 과감하고 용맹스러우며 결단력이 있었다는 성격 역시 두드러집니다. 신라에 대한 과감한 공격이나 중국과의 외교 단절도 사실은 그러한 성격에서 나왔다고 여겨지는군요. 백제인들은 원고를 의자왕이란 이름처럼 의롭고 자애로우며 결단력 있었던 통치자로 기억할 것 같습니다. 내가 포로로 잡혀 온 의자왕을 용서하고 낙양에 머물도록 한 것 역시 이러한 이유 때문이고요.

　　당고종이 의자왕을 칭찬하자 여전이 변호사가 발언권을 얻어 분위기를 바꾸기 위한 질문에 들어갔다.

여전이 변호사　　증인, 원고는 그 성격 때문에 백제를 망하게 하지 않았나요? 그리고 한 나라의 왕으로서는 너무도 무책임하게 항복하며 목숨을 구걸했습니다. 존경할 만한 인물이라는 증언은 받아들이기 힘들군요.

당고종　　물론 백제가 우리 당나라의 공격을 받게 된 책임은 원고

인 의자왕에게 있습니다. 이 점에서 보면 원고는 외교적인 판단력과 통찰력이 부족했다고 보아야겠지요. 다만 그것이 원고에 대한 평가의 전부는 아니라는 겁니다.

여전이 변호사　그러면 원고의 무책임한 항복은 어떻게 받아들여야 하나요?

당고종　보기에 따라 무책임하게 여겨질 수도 있겠지요. 그러나 당시의 전쟁을 이해한다면, 원고의 항복 역시 다르게 받아들일 수 있습니다. 이와 관련해서는 앞서 증인으로 나왔던 계백 장군이 제대로 지적했더군요.

여전이 변호사　백제의 피해를 줄이기 위해 의자왕이 항복한 것이라는 증언 말인가요?

당고종 그렇습니다. 이미 말했듯이 나는 백제의 영토를 빼앗으려는 마음이 없었습니다. 그것은 신라의 관심사였고, 내 목적은 백제의 정권 교체였지요. 따라서 원고의 항복으로 정권 교체가 이루어지는 경우, 백제 자체가 완전히 망해서 없어지는 불행한 상황이 벌어지지 않을 수도 있었습니다. 이런 사실을 알고 있던 원고가 백제의 피해를 최소한으로 줄이기 위해 항복했다고 보아야 하지 않을까요? 왕의 입장을 일반 사람의 기준으로 평가해서는 안 될 것입니다. ▶나 역시 백제를 점령한 뒤에는 백제의 재건을 돕기 위해 오랜 기간 동안 노력했습니다. 어찌 보면 원고의 의도가 그런대로 성공했다고 여겨지기도 합니다만, 시간상 이 부분에 대해서는 설명 드리지 않겠습니다.

여전이 변호사 증인의 말을 듣고 보니 역사적인 사건이나 인물에 대한 평가가 쉽지는 않군요. 그럼 마지막으로 묻겠습니다. 백제의 입장 말고 당나라나 신라 쪽에서 볼 때 원고가 국제적인 문제아였고, 외교적인 판단력과 통찰력이 부족했다는 것은 분명하지요? 덧붙여서 피고로 이 자리에 나온 『삼국사기』의 편찬 책임자 김부식에 대한 증인의 생각은 어떠한지도 말씀해 주실 수 있나요?

당고종 의자왕은 국제적인 문제아로 인식되었기 때문에 당연히 공격을 받은 것이고, 그에 대한 책임은 의자왕 스스로가 질 수밖에 없다고 생각합니다. 그리고 피고인 김부식이 신라와 중국 중심의 역사관을 가지고 『삼국사기』를 편찬한 것은 분명하지만, 그것 때문에 피고의 역사가로

교과서에는

▶ 백제가 멸망한 뒤 당나라는 백제의 옛 땅에 5도독부를 두고 직접 지배하려고 했습니다.

서의 자질 자체를 의심할 수는 없습니다. 이 세상 모든 역사가가 다 나름대로의 문제점을 가지고 있을 수밖에 없으니까요. 따라서 『삼국 사기』의 역사 기록도 존중해야 하겠지요. 다만 '그 역사 기록을 어떻 게 이해하느냐' 하는 문제는 사람마다 다를 수 있습니다. 그래서 앞 으로도 역사가들의 임무가 매우 중요하지 않을까 생각합니다.

여전이 변호사   존경하는 재판장님, 그리고 배심원 여러분, 증인의 마지막 발언을 기억해 주셨으면 합니다. 백제가 멸망한 책임은 역시 의자왕에게 있다는 것, 『삼국사기』의 역사 기록은 존중되어야 한다 는 것, 그리고 역사 기록에 대한 이해는 사람마다 다를 수 있다는 것입니다. 그렇다면 과연 이번 재판에서 피고인 김부식을 공문서 위조와 명예 훼손 혐의로 고발하는 것이 가능하기는 한지 근본적인 의문을 제기하지 않을 수 없습니다. 현명한 판결을 부탁드리며, 이상으로 증인 신문을 마치도록 하겠습니다.

판사 흠, 여 변호사는 고발 가능성 여부까지 문제 삼는군요. 현재 진행되고 있는 재판 자체가 곧 그 대답이라고 보면 되지 않을까요? 이 재판이 끝나고 최종 판결문이 나오면 결과를 알게 되겠지요. 여 변호사 수고했습니다. 박구자 변호사, 마지막으로 할 말이 있나요?

박구자 변호사 네. 판사님, 이번 재판은 피고의 역사가로서의 자질 자체를 부정하거나 『삼국사기』의 역사 기록을 존중해서는 안 된다고 주장하기 위해 열린 것이 아닙니다. 의자왕에게 백제 멸망의 책임이 없다는 주장을 하기 위해 열린 것도 물론 아니지요. 의도적이건 아니건 『삼국사기』의 잘못된 기록 때문에 원고인 의자왕이 오해를 받으며 그동안 무척 괴로워한 것은 분명한 사실이고, 따라서 진실을 밝혀내어 그 억울함을 풀어 주고자 하는 것이 이번 재판의 원래 목적임을 다시 한 번 말씀드립니다. 끝으로, 피고인 김부식이 신라와 중국 중심의 역사관을 가지고 『삼국사기』를 편찬한 것은 분명하다고 말한 증인 당고종의 증언 내용을 재판장님과 배심원 여러분께서 기억해 주실 것을 다시 한 번 당부 드리며 제 발언을 마치겠습니다.

판사 좋습니다. 그러면 증인에 대한 신문을 끝내겠습니다. 증인은 자리로 돌아가도 좋습니다. 원고와 피고, 그리고 두 분 변호사와 증인들 모두의 발언을 잘 들었습니다. 이번 재판을 통해 각자의 입장 차이는 분명히 느낄 수 있었고 또 모두에게 그럴 만한 이유가 있어서 최종 판결이 쉽게 나올지 걱정스럽군요. 삼시 휴정한 뒤 원고와 피고 양측의 최후 진술을 듣는 것으로 오늘 재판을 마치겠습니다.

땅, 땅, 땅!

백제 부흥 운동

백제가 멸망한 후 많은 백제 사람이 나라를 되찾기 위해 곳곳에서 군대를 일으켰습니다. 백제 왕족인 복신과 승려인 도침, 흑치상지가 백제 부흥군을 이끌었지요. 일본에 있던 의자왕의 아들 부여풍이 돌아와 백제 부흥국의 왕이 되었습니다. 백제의 유민들도 백제 부흥군에 합세했지요.

처음에 백제 부흥군은 신라와 당나라를 상대로 크게 승리했습니다. 신라의 대군을 물리치기도 하고, 2백여 개의 성을 되찾기도 했지요. 하지만 곧 당나라와 신라의 연합군이 다시 백제 부흥군을 공격했습니다. 게다가 백제 부흥군의 지도자들 사이에 내분이 생겼지요. 복신이 도침을 죽였고, 이에 두려움을 느낀 부여풍이 복신을 죽인 것입니다. 설상가상으로 백제 부흥군을 도우러 온 왜의 군대도 당나라 군대에 패배하고 맙니다. 결국 663년, 백제가 멸망한 지 3년 만에 백제 부흥 운동은 끝이 났습니다.

한편, 의자왕과 함께 중국으로 끌려갔다가 664년 웅진도독에 임명되어 웅진도독부를 이끌게 된 부여륭도 백제를 다시 세우기 위해 많은 노력을 기울였습니다. 그러나 신라가 671년 부여에 소부리주를 설치하고 웅진도독부를 한반도에서 몰아내면서 부여륭의 노력도 실패로 끝납니다.

다알지 기자

　　　　　의자왕과 김부식의 재판은 이제 원고와
　　　　　피고의 최후 진술만을 남겨 놓고 있습니다.
오늘 재판에서는 신라와 당의 연합군이 백제를
공격했을 당시 백제가 어떻게 대응했는지, 또 당나라는 왜 신라와 연
합하여 백제를 공격했는지를 알아보았습니다. 원고 측과 피고 측은 오
늘도 한 치의 양보 없이 법정 공방을 펼쳤는데요. 백제의 계백 장군과
당고종이 증인으로 나와 법정의 열기를 더했습니다. 계백 장군은 백제
인은 결코 패배 의식에 빠지지 않았다고 증언하며 의자왕을 두둔했고
요. 당고종은 당나라가 백제를 공격한 이유가 백제의 정권을 교체하려
는 것이었다고 밝혔지요. 그럼 이쯤에서 이번 재판의 당사자인 원고와
피고를 인터뷰하겠습니다. 의자왕, 그리고 김부식 대감. 마지막 재판
까지 모두 마친 소감이 어떠신가요?

의자왕

한국사법정을 통해 그동안 말 못한 나의 억울함을 모두 토로할 수 있어서 속이 시원합니다. 아직 판결이 난 것은 아니지만 그래도 억울한 점을 이렇게 이야기하고 나니 이제는 발 뻗고 잘 수 있을 것 같네요. 내가 재판에서 이야기했듯이 백제와 나당 연합군의 싸움은 어린아이와 어른의 싸움이나 마찬가지였습니다. 그리고 피고 측은 자꾸 나를 국제적인 문제라고 하는데, 그건 당나라의 입장에서 봤을 때의 말입니다. 당나라로서는 조공과 책봉의 관계를 깬 내가 달갑지 않았겠지요. 그러나 백제의 입장에서는 절대 나를 문제라고 볼 수 없습니다. 백제를 끝까지 지키지 못한 것은 나의 책임이지만 그래도 나는 최선을 다했다는 사실을 여러분이 알아주길 바랍니다.

왜 의자왕은 백제를 망하게 했을까?

김부식

　의자왕이 당나라의 공격을 받은 것은 중국 황제의 경고를 무시했기 때문입니다. 당나라는 의자왕에게 신라를 침략하지 말라는 경고를 계속했지요. 그러나 의자왕은 이를 듣지 않았고 결국 소정방 군대의 공격을 받은 것입니다. 당고종은 내가 신라와 중국 중심의 역사관을 가지고 있다고 말했습니다. 그러나 『삼국사기』의 역사 인식은 나 개인의 것이라기보다 우리 고려인 전체의 것이라고 보아야 할 것입니다. 원고 의자왕의 억울함도 이번 재판을 통해 알게 되었지만, 그것을 나의 탓으로 돌리는 것은 너무 심하다는 생각입니다. 배심원들과 판사님이 현명한 판단을 내려 주리라 믿습니다.

나는 백제를 망친 폭군이 아닙니다

VS

백제를 망하게 한 의자왕에게 책임이 있어요

판사　마지막으로 당사자들의 최후 진술을 들어 보겠습니다. 나와 배심원단이 최종 판결을 내리는 데 중요한 영향을 미치니, 신중하게 발언하기 바랍니다. 먼저 원고 측부터 진술하세요.

의자왕　나는 백제의 최고 통치자로서 부끄럽지 않은 정치를 하려고 노력했습니다. 그 결과 신라도 우리 백제를 크고 강한 나라라고 평가할 만큼 백제의 국력이 강해졌지요.

　그러나 나는 국제 정세를 정확하게 파악하지 못한 뼈아픈 실수를 저질렀습니다. 당나라의 13만 군대가 바다를 건너와 신라와 함께 우리 백제를 공격하리라고는 정말 생각지도 못했습니다. 그런데 그것은 현실로 나타났지요. 그리고 백제는 패망의 길로 접어들게 되었으니, 나는 백제 멸망의 책임을 기꺼이 떠안을 수밖에 없습니다.

다만 백제 멸망에 책임지는 것과 근거도 없는 억울한 누명을 쓰고 고통에 시달리는 것은 이야기가 다릅니다. 백제 말기의 사회는 『삼국사기』의 기록처럼 여러 가지 나쁜 소문이 떠돌 정도로 혼란스럽지 않았습니다. 나 역시 사치에 빠지거나 궁녀들과 어울려 술을 마시며 음탕한 생활을 즐기지도 않았습니다. 물론 계백 장군이 미리 자포자기하여 처자식을 죽일 정도로 국가 전체가 무기력한 패배 의식에 빠져 있지도 않았지요. 백제인들은 국가의 위기를 극복하기 위해 마지막까지 최선을 다했으나, 엄청난 수의 나당 연합군을 당해 낼 수 없어 정복당한 겁니다.

그런데 신라와 중국 중심의 역사관을 지닌 피고 김부식은 백제가 패망한 후 떠돌던 근거 없는 이야기들을 그대로 『삼국사기』에 옮겨 놓아 역사적 사실로 만드는 잘못을 저질렀습니다. 뿐만 아니라 의자왕 본기의 마지막 논찬을 쓸 때는 백제가 신라와 사이좋게 지내지 않고 중국의 말을 듣지 않아 죄를 지었기 때문에 멸망했다는 논리까지 펴고 있습니다. 백제를 죄인으로 모는 피고에게 역사가의 공정한 자세를 기대하는 것 자체가 무리인지도 모르겠습니다.

존경하는 판사님, 그리고 배심원 여러분. 백제가 멸망한 뒤에 일본으로 건너간 백제인들이 "금년 7월 신라가 힘을 믿고 세력을 키워 이웃과 가까이 지내지 않으면서 당나라 사람들을 끌어들여 백제를 무너뜨렸습니다"라고 일본 조정에 하소연하는 『일본서기』의 내용이 있다는 것도 알아주었으면 합니다. 이에 따르면 백제인들은 피고 김부식의 논리를 거꾸로 뒤집어 그대로 신라에게 책임을 돌리고 있지요.

역사가라고 자처하면서도 역사적 사실을 제대로 파악하지 못한 채 잘못된 역사 기록을 남긴 책임은 분명 피고에게 있습니다. 그로 인한 피해는 계속 커져, 나는 심지어 3천 궁녀와 정신없이 놀다가 나라를 망친 무능하고 우매한 폭군으로 손가락질당하는 비참한 처지에 놓이게 되었습니다. 부디 이번 기회에 『삼국사기』의 문제점을 분명하게 파헤쳐 피고의 잘못을 밝혀냄은 물론, 내가 그동안 겪어 온 정신적인 고통에 대한 피해 보상과 함께 명예 회복이 이루어질 수 있도록 현명한 판결을 내려 주시기 바랍니다.

판사 원고, 수고했습니다. 그럼 이번에는 피고의 진술을 듣도록 하겠습니다.

김부식 나는 『삼국사기』를 편찬할 당시만 해도 원고인 의자왕이 『삼국사기』의 기록 때문에 이렇게 억울함을 느끼며 고통스러워하리라고는 생각조차 못했습니다. 이번 재판을 통해 나 역시 백제와 원고에 관련된 새로운 사실을 많이 알게 되었습니다. 또 원고의 입장도 어느 정도 이해할 수 있게 되었지요.

그러나 『삼국사기』를 대상으로 자신의 억울함을 풀겠다는 원고의 생각은 잘못이라는 점을 분명하게 말씀드립니다. 원고 스스로도 인정했듯이 백제 멸망이라는 엄연한 현실에 대한 책임은 원고 자신에게 있지요. 그리고 백제가 망했기 때문에 원고에 대한 좋지 않은 소문도 떠돌게 된 것이고요. 그렇다면 백제 멸망에 책임이 있는 원고가 그러한 소문에 대해서도 책임질 수밖에 없는 것 아닌가요? 원고 스스로 참고 견디든지, 아니면 직접 나서서 해명을 해야겠지요.

내가 『삼국사기』를 편찬할 당시에는 이미 많은 사람이 원고와 관련된 나쁜 소문을 사실로 믿었습니다. 그러다 보니 『삼국사기』 편찬을 위해 수집한 자료 중에도 그러한 내용이 자연스럽게 포함되었던 것이고요. 결국 『삼국사기』의 내용은 내가 신라나 중국, 또는 승자의 입장에서 쓴 것이 아니라 백제의 멸망과 의자왕에 대한 고려 시대 사람들의 인식을 그대로 보여 주는 기록이라고 보아야 할 것입니다.

존경하는 재판장님, 배심원 여러분. 나와 같은 고려 시대의 역사가는 오늘날의 역사학자들처럼 역사 기록 자체를 비교하고 분석하여 그 속에 숨은 역사적 진실을 찾아내는 일을 하던 사람이 아닙니다. 그때는 오늘날과 같은 연구 방법 자체가 없던 시절이지요. 단지 역사적인 사건들을 조사하고 자료를 수집하여 사실로 받아들여지는 내용을 기록하고 전달하는 기록자 혹은 전달자의 역할을 했지요. 따라서 백제의 멸망이나 의자왕과 관련하여 좋지 않은 이야기들이 전해 오고 있다면, 그것을 『삼국사기』에 그대로 기록할 수밖에 없는 것이 당시의 현실이었습니다.

이상 말씀드렸듯이 『삼국사기』의 백제 말기 기록은 내가 마음대로 쓴 것이 아닙니다. 그때까지 전해 오던 여러 자료들을 수집해 그곳에 나오는 내용을 정리한 것입니다. 많은 사람이 사실로 생각하고 있던 내용을 기록으로 남긴 내가 잘못인가요? 백제를 망하게 하여 잘못된 소문이 퍼져 나가도록 한 원고에게 근본적인 책임이 있는 것 아닐까요?

백제 멸망의 책임을 원고가 져야 하듯이 잘못된 소문에 대해서도 『삼국사기』를 탓하기보다 원고 스스로 책임을 지는 자세를 가져야 한다는 것이 나의 생각입니다.

판사 피고, 수고했습니다. 원고 측, 피고 측, 그리고 배심원단 여러분, 지금까지 모두 고생 많으셨습니다. 배심원의 평결서는 배심원단 대표께서 4주 후에 나에게 전달해 주기 바랍니다. 나는 배심원의 판결 결과를 참고하여 4주 후에 판결문을 공개하겠습니다. 그때까지 방청객 여러분들도 이 사건에 대해 각자 판결을 내려 보기 바랍니다. 이상으로 재판을 마치겠습니다.

땅, 땅, 땅!

왜 의자왕은 백제를 망하게 했을까?

역사공화국 한국사법정 재판 번호 10 의자왕 vs 김부식

주문

역사공화국 한국사법정은 의자왕이 김부식을 상대로 제기한 공문서 위조죄와 명예 훼손 혐의 중 공문서 위조죄는 기각하고 명예 훼손에 따른 정신적 손해 배상 청구는 인정한다.

판결 이유

재판 결과, 『삼국사기』의 기록과 달리 원고인 의자왕이 백제의 최고 통치자로서 마지막까지 최선을 다한 것은 사실로 인정된다. 따라서 술을 마시며 놀다가 나라를 망친 음탕한 임금이었다는 억울한 이야기를 들었을 때, 원고가 느꼈을 비통함은 충분히 미루어 짐작할 수 있다. 고려 시대에 국가 차원에서 편찬된 『삼국사기』가 이러한 소문을 채택해 기록함으로써 원고에 대한 나쁜 인식이 역사 사실로 자리 잡게 되었으며, 그 영향으로 진실은 묻히고 원고의 좋지 않은 면만 더욱 강조되는 결과를 가져온 것도 부정할 수 없다. 그러므로 『삼국사기』로 인해 원고의 명예가 훼손되었다는 주장과 그에 따른 손해 배상 청구는 인정한다.

그러나 『삼국사기』 편찬 당시 의자왕에 대한 나쁜 소문은 이미 사람들 사이에 널리 퍼져 사실로 여겨졌고, 피고 역시 그 영향을 받을 수밖에 없었다는 점도 이해해야 할 것이다. 때문에 의도적인 왜곡이 아니라 당시의 시대적인 분위기와 어쩔 수 없는 개인적 한계로 인해 발생하게 된 일에 공문서 위조죄를 적용할 수는 없다고 판단하는 바이다.

고려 시대의 유명한 유학자이며 정치가이자 역사가로서 『삼국사기』의 편찬 책임자이기도 한 피고 김부식이 우리나라 역사학의 발전에 큰 영향을 주었다는 사실은 어느 누구도 부인하지 못할 것이다. 이번 재판은 그러한 피고를 문제 삼으려 한 것이 아니라, 원고 의자왕의 억울함을 풀어 주고 명예를 회복시켜 주는 데 그 목적이 있었다. 그런데 재판이 진행되면서 피고에게도 어쩔 수 없는 한계가 있고, 『삼국사기』의 기록 역시 그 영향으로 왜곡된 내용을 담고 있다는 사실이 밝혀졌다. 따라서 이번 재판을 계기로 신라나 중국 등 승자 중심의 역사관을 가지고 있는 『삼국사기』의 시각에서 벗어나, 원고 의자왕이나 백제의 입장에 서서 역사를 새롭게 바라보는 자세도 필요하다는 것을 지적하며 본 재판의 판결을 마무리하겠다.

역사공화국 한국사법정 담당 판사 공정한

"나, 부여륭은 당나라의
꼭두각시가 아니었소"

의자왕과 김부식의 재판이 끝난 지금, 계절은 한겨울에 이르렀다. 재판을 끝낸 박구자 변호사의 사무실은 어느새 각종 서류들이 말끔히 정돈되고 묵은 먼지도 털어 내어 제법 산뜻한 분위기로 변해 있다. 그리고 의자왕의 변호를 위해 읽어 보았던 『삼국사기』는 책장 한쪽 구석에 얌전히 꽂혀 있었다.

그런데 박 변호사의 책상 위에서 예전에 볼 수 없던 새로운 것이 눈에 띈다. 바로 삼국 시대의 역사와 관련하여 최근에 쓰인 책 몇 권이 놓여 있는 것이다. 의자왕과 김부식의 재판 이후 역사에 대한 관심이 부쩍 높아진 박 변호사가 틈틈이 읽어 보려 구입한 것들이다. 박 변호사의 역사에 대한 관심은 단순히 책을 읽는 호기심을 넘어서 역사 기록 속에 숨어 있는 진실을 찾아내 보고 싶을 정도로 발전해 있었다.

흰편, 추워진 날씨 탓인지, 재판의 결과에 실망한 탓인지 여전이 변호사는 요즘들어 얼굴조차 보기 어렵다. 하지만 그러한 사실도 잊은 채 박 변호사는 온풍기가 돌아가는 따뜻한 사무실에서 독서에 열중하고 있다. 그렇게 바깥의 매서운 눈바람 소리를 귀로 들으며 하루의 대부분을 독서로 보내던 박 변호사의 사무실에 어느 날 새로운 손님이 찾아왔다.

"박 변호사 계시오?"

눈 녹은 물에 젖은 두루마기를 왼쪽 팔에 걸치고 들어오는 모습에 박 변호사는 깜짝 놀랐다. 다름 아닌 그 모습이 의자왕과 너무 닮았기 때문이다.

'누굴까? 의자왕의 동생? 아니면 아들? 왜 나를 찾아왔을까?'

궁금함을 느끼며 박 변호사는 손님을 맞이했다.

"어서 오세요. 제가 변호했던 의자왕과 너무 닮았네요."

"잘 보셨소이다. 나는 의자왕의 아들이오. 백제의 태자이며 당나라로부터 웅진도독과 대방군왕에 임명되었던 부여륭이라고 합니다."

부여륭이라면 박 변호사에게도 낯익은 이름이었다. 백제가 정복당한 뒤 의자왕과 함께 갖은 수모를 다 겪다가 당나라로 끌려간 백제의 왕자 아니던가. 『삼국사기』에는 그가 처음에 태자로 임명되었다가 의자왕 말기에 밀려나서 부여효가 태자가 되었다고 나와 있었다.

"아, 왕자님에 대한 얘기는 책에서 읽었습니다. 태자의 자리에서 밀려나고 백제가 망한 뒤에는 당나라를 위해 활동하다가 중국의 낯선 땅에서 죽은 분이더군요. 참으로 안됐다고 생각했습니다."

"허참! 박 변호사는 그 내용을 믿는다는 건가요? 지난 재판에서 『삼국사기』의 문제점을 정확하게 지적한 박 변호사이기에 찾아왔는데, 내가 잘못 왔나요?"

"아니 그럼, 왕자님도 『삼국사기』의 편찬 책임자인 김부식을 고소하려고 오셨나요?"

"김부식을 생각하면 나도 참을 수가 없소. 처음부터 끝까지 백제의 태자였던 나를 무시하고 왜 부여효를 백제 말기의 태자로 기록했는지 한번 묻고 싶은 심정이오. 다만 지난번 재판에서 『삼국사기』와 김부식에 대한 잘못이 밝혀졌기 때문에, 그를 다시 법정에 세울 필요는 없지 않을까요?"

"말씀을 들어 보니 태자님이라고 호칭을 고쳐야 할 것 같군요. 그렇다면 태자님께서는 무슨 도움을 바라시나요?"

부드러우면서도 세상의 힘든 일에 단련된 듯 단단한 인상을 풍기는 부여륭이 왜 자기를 찾아왔는지 박구자 변호사는 더욱 궁금해졌다.

"나는 요즈음의 역사학자들과 내 문제를 가지고 법정에서 한번 따져 보고 싶소."

뜻밖의 말에 놀란 박구자 변호사가 거의 반사적으로 물어보았다.

"무슨 문제를 말씀하시는지요?"

"박 변호사도 내가 당나라를 위해 활동하다가 낯선 땅에서 죽었다고 말했는데, 많은 학자가 나를 당나라의 꼭두각시 또는 허수아비

정권의 앞잡이라고 생각하고 있어서 원통함을 달랠 수가 없소이다. 아무리 패망한 나라의 자손이라고 하지만, 이건 너무 심한 것 아닌가요? 백제 태자인 내가 어찌 백제의 일을 다 잊어버리고 당나라에게만 잘 보이려고 노력할 수 있겠소? 조금만 깊게 살펴보면 내 행동을 이해할 수 있을 텐데, 왜 그렇게 생각들이 짧은지 답답할 뿐이오."

호기심이 발동한 박구자 변호사는 다음 말을 재촉했다.

"좀 더 자세히 말씀해 주세요. 어떤 행동을 했다는 것이지요?"

"백제를 되살리기 위해 내가 할 수 있는 가장 좋은 방법은 당나라의 힘을 이용하는 것이었소. 당나라가 나를 이용했다고 하나, 사실은 나도 당나라를 이용한 것입니다. 당시 내 유일한 관심사는 중국으로 끌려온 백제 유민들과 함께 고향으로 돌아가 백제를 다시 부흥시키는 데에 있었소이다.

그런데 요즈음의 역사학자들은 일본에서 건너온 부여풍의 백제 부흥 운동만을 인정하며, 나는 백제 부흥 운동을 방해한 배신자로 취급하니, 이게 말이나 됩니까? 백제의 부흥을 위해 기울인 노력으로 따지자면 내가 부여풍보다 더하면 더했지 덜하지는 않았다고 자신하는 바이오. 이래도 내가 가만히 있어야겠소? 나의 억울함을 풀어야 하지 않겠어요?"

박구자 변호사가 생각해도 부여륭의 말이 옳은 듯했다. 박 변호사는 이내 요즈음의 역사학자들이 부여륭의 이러한 면을 의도적으로 무시했다면 이를 고쳐 주고, 모르고 있다면 알려 줄 필요성을 느꼈다. 그러면서도 왜 이러한 일이 벌어졌는지 궁금했다.

"그런데 왜 오해를 받게 된 것일까요?"

"선입관이겠지요. 당나라는 백제의 정복자이고 나는 그 당나라에 포로로 잡혀갔는데, 오히려 당나라와 가깝게 지내는 내 겉모습을 보고 잘못된 판단을 한 것이 아닐까요?"

"그렇다면 태자께서 당나라의 꼭두각시가 아니라 백제 부흥을 위해 모든 것을 바쳤다는 분명한 증거라도 있나요?"

"그래서 내가 안타깝다는 말이오. 그러한 증거가 있다면 오해받는 일도 없었겠지요. 나와 관련된 기록은 남아 있는 것이 거의 없습니다. 최근에 내 무덤에서 나온 「묘지명」과 『삼국사기』나 중국의 역사책에 부분적으로 남아 있는 기록이 전부니 내 활동 내용을 자세히 알기는 어려운 실정입니다. 그래서 박 변호사의 도움을 받고 싶은 것이지요."

박구자 변호사는 이번 재판도 결코 만만치 않을 것이라는 예감이 들었다.

'내가 과연 전문가 수준의 역사학자들과 법정에서 싸워 이길 수 있을까?'

의자왕과 김부식의 재판 때처럼 쉽게 생각할 수 있는 문제가 아니었다. 박구자 변호사는 현재의 심정을 솔직히 털어놓았다.

"죄송합니다. 태자님 문제는 아직 제 능력으로 해결할 수 있다는 확신이 안 서는군요. 앞으로 제가 역사 공부를 더 해서 실력을 키우고, 시간이 나는 대로 관련 자료들을 검토해 보겠습니다. 또 태자님에 관한 문제를 관심 있게 연구하려는 의지를 가진 역사학자의 도움과

그 연구 결과도 기다려 보아야 할 것 같습니다. 저도 나름대로 조사해

보겠으니, 태자님께서도 믿을 만한 역사학자를 찾아 우선 상의해 보

시지요. 6개월 정도 시간 여유를 갖고 생각해 보았으면 합니다."

"좋소이다! 급히 먹는 밥이 체한다고 했지요. 우리 한번 시간을

갖고 그렇게 해 봅시다."

부여륭이 사무실을 떠난 뒤, 박구자 변호사는 백제 부흥 운동과

관련된 자료를 뒤적이며 다음 재판을 준비했다.

백제의 혼을 느낄 수 있는
미륵사지유물전시관

전라북도 익산시 금마면 기양리에는 사적 제150호로 지정된 미륵사 터가 있습니다. 규모로는 한국 최대의 사찰지로, 백제 무왕 때인 601년에 창건되었다고 전해지며, 국보 제11호인 미륵사지 석탑이 있는 곳이기도 합니다. 백제의 문화가 왕성했던 이곳의 남서쪽으로 가면 미륵사지유물전시관을 찾아볼 수 있습니다.

2010년에 재개관한 미륵사지유물전시관은 중앙홀, 문헌실, 유물실, 건축문화실 등으로 구성되어 다양한 백제 문화와 유물을 소개하고 있지요.

먼저 중앙홀에 들어서면 미륵사의 모습을 추정하여 축소해 놓은 모형이 있습니다. 그리고 문헌실에서는 미륵사의 전반적인 역사와 한국의 주요 불교사를 연표와 함께 살펴볼 수 있습니다. 또한 유물실에서는 일상생활에서 사용한 다양한 목제품과 여러 가지 형태의 그릇 등을 볼 수 있고, 건물을 지을 때 사용한 벽돌과 여러 문양의 기와도 살펴볼 수 있습니다. 유물실을 나와서는 건축문화실도 둘러볼 수 있는데, 이곳에서는 미륵사지에서 출토된 건축 유물인 기와류와 여러 모형을 볼 수 있지요. 특히 미륵사로 대표되는 백제의 절과 중국의 절, 일본의 절의 특성을 비교하여 살펴볼 수 있기도 합니다.

또한 미륵사지유물전시관에서는 서동요 설화아 관련 있는 백제 무왕 등 여러 인물과 주제에 관한 다양한 특별 전시를 열고 있습니다. 백제를 좀 더 자세하고 다각적으로 이해할 수 있는 장으로 삼을 수 있습니다.

찾아가기 **주소** 전북 익산시 금마면 미륵사지로 362
전화번호 063-290-6799
관람시간 09:00~18:00(매년 1월 1일, 매주 월요일 휴관)
홈페이지 http://www.mireuksaji.org

백제 문화의 우수성을 알리고자 설립된
미륵사지유물전시관

미륵사지유물전시관 내부

『역사공화국 한국사법정 10 왜 의자왕은 백제를 망하게 했을까?』와
관련한 논술 문제를 풀어봅시다.

※ 다음 제시문을 읽고 물음에 답하시오.

(가) 신라는 거듭되는 백제의 공격을 받고 있었습니다. 백제의 의자
왕은 진흥왕대 이래 묵은 원한을 갚고자 틈만 나면 신라를 공격
했습니다. 의자왕은 군사를 크게 일으켜 신라 서쪽 지방의 40여
성을 공격하여 빼앗았습니다. 이후 8월에는 다시 고구려와 공모
하여 지금 경기도 화성군에 있는 당항성을 빼앗아 신라가 당으
로 가는 길을 막고자 하였습니다. 또한 지금의 경상남도 합천에
위치한 대야성을 공격하여 대야성을 지키던 김춘추의 딸과 사
위가 죽음을 당했습니다. 의자왕은 공세를 늦추지 않고 신라와
당의 교통로를 끊는 등 시종일관 적극적인 공격을 펼쳤습니다.

(나) 신라의 선덕 여왕은 고구려에 김춘추를 보내 군대의 파견을 요
청했습니다. 하지만 고구려의 연개소문은 고구려의 옛 땅인 죽
령 서북 지역을 돌려주면 군대를 파견할 수 있다고 했습니다.
이를 김춘추가 거절하자 그를 포로로 잡습니다. 이렇듯 고구려
와 신라의 관계가 악화되자 의자왕은 643년 고구려 보장왕에
게 사신을 보내 고구려와 화친을 맺습니다. 의자왕의 목적은

신라가 당으로 갈 때 사용하던 항구인 당항성을 뺏기 위함이었
습니다.

(다) 660년 7월 18일 지금의 공주 공산성에 피신해 있던 의자왕은
당나라 군사에 항복하게 됩니다. 사비성이 함락되고 의자왕이
피신을 한 지 불과 5일 만의 일이지요. 『삼국사기』의 '백제본기'
에는 의자왕이 항복하는 상황을 '왕과 태자가 여러 성주들과
함께 항복했다.'라고 기록하고 있습니다.

1. (가)와 (다)는 『삼국사기』에 나온 내용 중 일부이고, (나)는 당시 삼국
의 상황에 대한 내용입니다. 이 글을 읽고 백제가 의자왕 당시에 멸망
할 수밖에 없었던 이유에 대해 쓰시오.

※ 다음 제시문을 읽고 물음에 답하시오.

(가) 5천 명의 백제군과 5만 명의 신라군은 황산벌에서 맞붙게 됩니
다. 죽음을 각오한 백제군은 10배에 달하는 신라군에 맞서서도
조금의 물러섬이 없었습니다. 오히려 신라군과 네 번 싸워 네
번 다 이기는 성과를 거두게 됩니다. 당연히 신라군의 사기는
크게 떨어지게 됩니다. 이때 신라의 장군 김흠순이 아들 반굴을

불러 말합니다. "신하의 도리는 충성을 다하는 것이고, 자식의 도리는 효를 다하는 것이다. 이런 위급한 상황에서 목숨을 던지는 것은 충과 효를 모두 이루는 것이다." 그러자 반굴은 아버지의 뜻을 알아채고 백제 진영으로 뛰어 들어가 용감히 싸우다 목숨을 잃게 됩니다.

(나) 신라 김품일이라는 장군에게는 아직 어린 아들인 관창(645~660년)이 있었습니다. 황산벌 싸움에서 김품일 장군은 아들 관창에게 나라를 위해 싸울 것을 명했고, 관창은 백제 진영으로 달려듭니다. 하지만 너무 어린 관창을 본 백제의 계백 장군은 그를 살려 보냅니다. 하지만 관창은 다시 백제 진영으로 뛰어 들어가 싸우다 결국에는 목숨을 잃고 맙니다. 관창의 비장한 죽음에 감격한 신라군은 있는 힘을 다해 백제군을 공격했고, 계백 장군을 앞세운 백제군은 장렬히 전사하고 맙니다.

2. (가)는 황산벌 전투 중 반굴의 죽음에 관한 글이고, (나)는 관창의 죽음에 관한 글입니다. 전쟁에서 승리하기 위해 죽음에 뛰어든 두 명의 어린 목숨을 생각하며, 과연 이러한 방법이 올바른 것인지 비판하거나 옹호하는 입장 중 하나를 선택하여 쓰시오.

왜 의자왕은 백제를 망하게 했을까?

해답 1 백제의 의자왕은 한강을 빼앗기고 공격을 받았던 진흥왕대의 일에 그새 원한을 품고 신라를 가장 큰 직으로 생각하였습니다. 그래서 고구려와 화친을 맺고 신라와 당이 교류를 하지 못하게 길을 차단하는 등 신라의 숨통을 조이는 것에 주저함이 없었지요. 백제의 패망 이유는 여기서 찾을 수 있습니다. 당시 백제-고구려-신라 삼국은 서로 견제하고 또 교류하며 힘의 균형을 유지하여 발전하고 있었습니다. 따라서 어느 한 나라가 크게 우세하여 다른 한 나라를 멸망시키지는 못하고 있었던 것입니다.

그런데 의자왕이 신라를 주적으로 여기고 계속되는 공격을 퍼붓자 신라는 당나라에 손을 내밀게 됩니다. 당시 당나라는 고구려에 불만을 품고 있었기 때문에 신라를 도와 고구려와 손잡고 있는 백제를 치면 당연히 고구려도 타격을 입을 것이라고 여겼지요.

이렇게 힘의 균형을 무너뜨리려 했던 의자왕의 공격은 삼국의 위상에 큰 변화를 줄 수밖에 없었던 것입니다.

해답 2 자식에게 스스로 목숨을 버리고 적진으로 뛰어들라고 말하는 것은 옳지 않다고 생각합니다. 물론 치열한 전쟁터라는 특수한 상황이지만, 다른 전략을 세우는 것을 좀 더 고민해 보는 것이 옳습니다. 생명은 어떤 것보다 귀하고 존중받아야 하는 것이기 때문에 어느 누구도 생명을 스스로 버리라고 명령할 수는 없습니다. 또한 아직 어린 반굴이나 관창을 전쟁의 선봉에 서게 하는 것은 부당하다고 생각합니다. 특히 관창의 경우 황산벌 전투 당시 16세에 불과한 나이였습니다. 아직 어린 나이라 경험이 부족하여 사리분별이 명확하지 않았다고 볼 수 있습니다. 그런 관창에게 적진에 뛰어들어 싸우라고 등을 떠민 것은 죽음을 독려한 것 이상도 그 이하도 아닙니다.

* 해답은 예시로 제시된 내용입니다.

왜 의자왕은 백제를 망하게 했을까?

역사공화국 한국사법정 10

왜 의자왕은 백제를 망하게 했을까?

© 양종국, 2010

초   판 1쇄 발행 2010년 9월 30일
개정판 1쇄 발행 2012년 8월 31일
        7쇄 발행 2021년 7월 6일

지은이   양종국
그린이   이주한
펴낸이   정은영

펴낸곳   (주)자음과모음
출판등록   2001년 11월 28일 제2001-000259호
주소   04047 서울시 마포구 양화로6길 49
전화   편집부 (02) 324-2347 경영지원부 (02) 325-6047
팩스   편집부 (02) 324-2348 경영지원부 (02) 2648-1311
이메일   jamoteen@jamobook.com

ISBN 978-89-544-2310-6 (44910)